要赢不要争

轻松读大师项目部 编

新闻出版公司和轻松读文化事业有限公司提供内容支持

中国盲文出版社

图书在版编目（CIP）数据

要赢不要争：大字版 / 轻松读大师项目部编. —北京：中国盲文出版社，2017.4

ISBN 978—7—5002—7858—0

Ⅰ.①要…　Ⅱ.①轻…　Ⅲ.①企业竞争—研究　Ⅳ.①F271.3

中国版本图书馆 CIP 数据核字（2017）第 084580 号

本书由轻松读文化事业有限公司授权出版

要赢不要争

编　　者：轻松读大师项目部
出版发行：中国盲文出版社
社　　址：北京市西城区太平街甲 6 号
邮政编码：100050
印　　刷：北京汇林印务有限公司
经　　销：新华书店
开　　本：787×1092　1/16
字　　数：85 千字
印　　张：12.5
版　　次：2017 年 4 月第 1 版　2017 年 5 月第 1 次印刷
书　　号：ISBN 978—7—5002—7858—0/F・156
定　　价：42.00 元
销售热线：（010）83190297　83190289　83190292

出版前言

数字文明为我们求知问道、拓展格局带来空前便利，同时也使我们深受信息过剩、知识爆炸的困扰。面对海量信息，闭目塞听、望洋兴叹固非良策，不分主次、照单全收更无可能。时代快速变化，竞争不断升级，要想克服本领恐慌，防止无知而盲、少知而迷，需尽可能将主流社会的最新智力成果内化于心、外化于行，如此才能更好地顺应时代，提高成功概率。为使读者精准快速地把握分散在万千书卷中的新理念、新策略、新创意、新方法，我们组织编写了这套《好书精读丛书》。

这套书旨在帮助读者提高阅读质量和效率。我们依托海内外相关知识服务机构十多年的持续积累，博观约取，从经济管理、创业创新、投资理财、营销创意、人际沟通、名企分析等方面选取数百种与时俱进又经世致用的好书分类整合，凝练出版。它们或传播现代经管新知，或讲授实用营销技巧，或聚焦创新创业，或分析成功者要素组合，真知云集，灼见荟萃。期待这些凝聚着当代经济社会管理创新创意亮点的好书，能为提升您的学识见解和能力建设提供优质有效便捷的阅读资源。

聚焦对最新知识的深度加工和闪光点提炼是这套书的突出特点。每本书集中解读4种主题相关的代表性好书，以“要点整理”“5分钟摘要”“主题看板”“关键词解读”“轻松读大师”等栏目精炼呈现各书核心观点，崇真尚实，化繁为简，您可利用各种碎片化时间在赏心悦目中取其精髓。常读常新，明辨笃行，您一定会悟得更深更透，做得更好更快。

好书不厌百回读，熟读深思子自知。作为精准知识服务的一次尝试，我们期待能帮您开启高效率的阅读。让我们一起成长和超越！

目　录

运营策略往往被搞得很复杂，其实这是没有必要的。事实上，如果你真正了解自己所属产业的竞争结构，正确的策略通常只是围绕着一个问题的答案而发展出来的。这个问题是：有哪些进入市场的障碍能够让我们做到其他公司做不到的事情？企业如果能够厘清自己所属的竞争环境，突显自己的竞争优势，就可以做出更好的投资决策，无论是要合并或是收购，要投资新创事业或是扩充品牌。

合气道的基本哲理在于制胜而非搏斗，最重要的是必须先战胜自己。人人都能通过“合气道精神”，取得更高成就。合，和谐，在资源与环境中寻求平衡；气，能量，建立公司的核心思想体系；道，方法，以和谐的方式去实施策略。企业运用“合气道模式”，强调的不是去打击对手或试图短兵相接，更不是逃避竞争压力，而是通过改变竞争法则，让对手的力量变得无用武之地。

理查德·达韦尼教大家如何在竞争激烈的市场中避免短兵相接和恶性竞争的情况，跳脱被竞争对手死缠烂打的困境。大众商品化的3大陷阱分别是市场退化、扩增现象和竞争加剧。要避免自己的公司落入这3大陷阱，就必须有一套综观市场局势与价格战争的策略——6步骤解套方法，不仅能够避开并且摧毁陷阱，还可以让你的公司反过来善用这些陷阱，在未来有更大的发展。

“谁还需要办公室”不是未来的概念，而是现在进行式。借用维珍集团创办人理查德·布兰森的话：“等 30 年后科技更加进步时，人们回顾历史将百思不解为什么会有办公室这种东西存在。”现在开始启动远程工作，整个世界就是你的办公室！数百万工作者和数以千计的企业都已经发现远程工作的乐趣与好处。现在是时候让员工采取更合理、更有效的工作方式，而不是继续集中在办公室监督他们。

揭开竞争的面纱

Competition Demystified

A Radically Simplified Approach
to Business Strategy

原著作者简介

布鲁斯·格林沃尔德（Bruce Greenwald），哥伦比亚大学商学院财务与资产管理教授，开设的课程有公司财务、价值投资、媒体经济学与策略。与贾德·坎恩合著《价值投资黄金定律》（Value Investing from Graham to Buffett and Beyond）。

贾德·坎恩（Judd Kahn），蜂鸟投资管理公司（Hummingbird Management，LLC）运营总监。

本文编译：李振昌

主要内容

进入障碍

通常来说，所有会让新进厂商在和领导厂商竞争时居于劣势，形成“不对称竞争”的因素，都可以称为进入障碍。至于市场形成进入障碍的原因，学术界的看法大相径庭。哈佛学派学者乔·贝恩认为，进入障碍的成因有下列4项：绝对成本优势、规模经济、产品差异化优势，以及资本优势。曾获1982年诺贝尔经济学奖的芝加哥学派代表人物乔治·斯蒂格勒则认为，新进厂商本身的效率低，才是真正阻碍竞争者进入市场的障碍。除了上述的经济性成因之外，进入障碍通常会带有区域性的性质，例如：对特定地区顾客需求和品位的了解、顾客对特定品牌的忠诚度（爱用国货），以及政府或是法令规章的障碍（关税优惠）等。

从区域的角度思考

“从区域的角度思考”，是许多国家和企业因应市场全球化趋势的实际做法。欧盟、北美自由贸易区等区域经济整合，就是集合区域内国家力量，制定有利于区域发展的政策与法规，共同面对全球化挑战。而跨国企业要攻占新的市场，就必须依据特定市场的形势、现状，进行实际的策略规划。简单来说，就是入乡随俗的经营方式。门户网站雅虎（Yahoo!）原本的画面设计相当清爽，但是在台湾地区，就必须逐渐加入“即时通”等免费服务，满足台湾地区消费者物美价廉的需求。雅虎中国的主要特色则在于文字明显多过图片，这是为了迁就中国主要门户网站新浪网、搜狐网。而雅虎香港是图片远多于文字，以反映香港地区当地的“快餐文化”特质。

因地制宜的发展策略，配合母公司拥有的技术与品牌优势，使得雅虎在整个中国都站上前3大门户网站的位置。

企业策略必须思考一个问题：有没有进入市场的障碍

运营策略往往被搞得很复杂，其实这是没有必要的。事实上，如果你真正了解自己所属产业的竞争结构，正确的策略通常只是围绕着一个问题的答案而发展出来的。这个问题是：有哪些进入市场的障碍能够让我们做到其他公司做不到的事情？

◎如果你的答案是“没有”，那么问题其实不在于策略。因为公司没有竞争优势，就只能面对两种选择：要不就积极追求高度的运营效率，要不就选择退出目前的市场区隔，进入你可以创造并充分运用竞争优势的不同区隔。不要寄希望于运用高明的策略击败竞争对手，但是你可以通过提高运营效率来战胜对手。

◎如果你的答案是“有”，那么策略就成为关键。公司的获利能力就取决于你是不是能有效

地抵挡潜在竞争对手进入市场，并且有效掌握其他同业之间的竞争，让你可以充分运用你的竞争优势。

整体来看，不论专家和顾问怎么说，运营策略都不是有效运营规划最重要的因素，策略规划也不是高获利的唯一要素。长期来看，策略是很重要的，因为如果企业追求的是不切实际的策略目标，那么结果一定很惨。不过，策略不是全部。即便是全世界最好的策略，仍然必须要有卓越的经营与管理相互配合。

要确立良好的策略，就必须以下列 3 项主要目标为思考重心：

（1）确认企业运营的竞争环境，以及公司是否有竞争优势。

（2）有效管理公司与同业之间的互动，公司的绩效就取决于此。

（3）确定清楚简单的愿景，这个愿景就是公司未来前进的方向。

一 我们有竞争优势吗

商场上只有 3 种竞争优势是可以长久持续的：

(1) 供应——对某项资源享有使用特权。

(2) 需求——顾客偏爱某个品牌更甚于其他品牌。

(3) 规模经济——生产效率。

企业思考最佳策略的首要工作，就是了解有什么样的进入障碍可以阻止其他公司取得市场领导厂商目前所享有的竞争优势。

市场领导厂商的竞争优势，来自以下 3 种力量的组合：

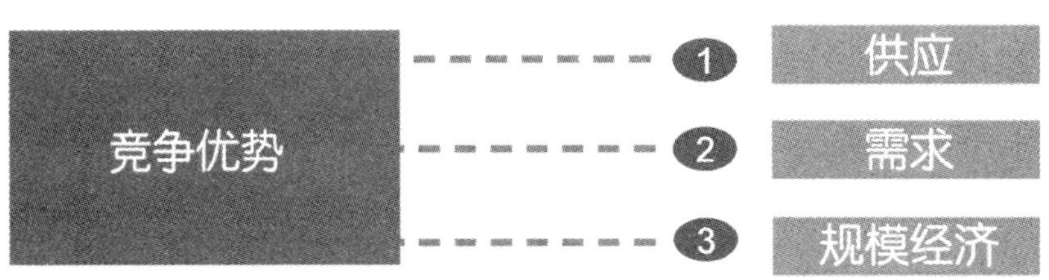

（1）供应。领导厂商可能有较低的成本结构，是竞争对手或潜在的新竞争对手无法模仿的。也就是说，领导厂商所采取的定价以及所创造的销售水准，便足以让领导厂商有利润可以赚，但是把这些条件套用在其他公司的话就无法获利。面对想要进入这个产业的企业，领导厂商可以利用削价竞争或是以更好的服务取胜，让那些潜在进入厂商打消念头。要注意的是，专有技术所造就的成本优势通常无法持久，因为竞争对手终究还是可以达到跟领导厂商相同的效率水准。

（2）需求。领导厂商所掌握的顾客，是竞争对手无法接近的。这表示顾客某种程度上必然是被领导厂商“锁定”的；也就是说，顾客如果要转而购买竞争对手的产品，就必须付出相当高的转换成本，因此让大多数顾客打消了念头。如果新进厂商想要在这个市场站稳脚跟，就必须设法弥补顾客为了购买你的产品所产生的搜索成本和转换成本。

（3）规模经济。如果领导厂商的规模比竞争对手大好几倍，通常大公司的产品单位成本会较低。这表示在某一个定价水准上，大公司可以获得很高的利润，而竞争对手却亏了本。规模经济再加上锁住顾客的能力，就能够形成强大的竞争优势。以规模经济为基础的竞争优势具有下列3项特性：

◎必须不断捍卫规模经济所产生的竞争优势。面对新竞争对手的积极挑战，领导厂商只要见招拆招，用降价对抗降价，用新产品迎战新产品，用利基对付利基，就可以一直保有最高的市场占有率。

◎规模经济之所以可以产生竞争优势，是因为领导厂商的产量比竞争对手大得多，因此固定成本可以由更多的产品单位来分摊。所以重要的不是绝对规模的大小，而是相较于同业竞争对手的相对规模。

◎规模经济的优势会随着市场成长而递减。市场成长得越大，固定成本占总成本的比例就会变得越低，规模经济的优势也就随之衰退。

对任何公司来说，要制定出最理想的运营策略，就完全要看自己是不是享有竞争优势，以及竞争优势的形式。进一步说明如下：

◎如果在某个产业里，没有任何一家公司能够享有竞争优势，那么个别公司想独自大幅改变市场经济结构的话，成功的概率不会很高。在这个产业里，企业大可不必设定发展愿景，甚至连策略也不必制定，反而应该专心去想该怎么发挥最高的效率。只要运营效率能够高过竞争对手，公司就会成功，因为最高的运营效率能够带来最高的获利。

◎传统的企业管理观念认为，要在大众商品产业里生存下来并不容易，因此企业应该提供差异化的产品与服务。这个论点唯一站不住脚的地方是，差异化在这里没什么效果。差异化并不能让企业摆脱激烈的竞争，也没有办法提升因为竞争造成的低获利能力。企业要寻求的，反而应该是能有效保护自己地位的市场进入障碍。

◎经营品牌也是不错的运营策略，但是能够成功把品牌力量转换成巨额获利的企业却不多。许多企业长年投注巨资，希望能经营出品牌的排他性或知名度，结果品牌所创造出来的财务报酬并不突出。事实上，只要有知名品牌开始获得高额报酬，就会有许多新进厂商抢着竞逐同一群顾客，市场上已经存在的竞争对手也会扩充产品线，锁定相同的市场利基。要不了多久，每家企业在这块市场的获利都会回到一般的水准。

拥有竞争优势的企业其实是凤毛麟角，它们是例外而不是常规。大部分企业会发现，要创造竞争优势并不容易，而要长期维持竞争优势更可以说是不可能。因此，几乎所有企业在发展策略上的共同任务是：把所有心力放在提高效率上，尽可能让效率达到最高。

所谓效率是指下列几种状况：

◎有效控制自己公司价值链中的各项支出，也就是原料、人工、厂房设备等成本。

◎让公司投资的资本获得丰厚的资金报酬。

◎让公司在营销、研发、技术以及人力资源上的支出，都能以最低的成本创造最大的效益。

◎让公司的生产力能够持续提升。

优秀管理者的角色，就是要缩小最大运营绩效与实际达成的运营绩效之间可能出现的落差。要提高运营绩效，不一定得一天到晚去超越现有的极限，反而是要由管理层发展出更有效率地运用公司现有资源的方法。如果企业的管理层能长期集中心力逐步提升运营效率，这家企业就会有很多机会去创造极佳的成效。一旦管理层不能集中心力在提升效率上，企业运营就会出现问题。

效率的重要性是毋庸置疑的，进一步说明如下：

◎企业如果不能用低于市场价的成本制造产

品，企业就会失败，并且最后在市场上消失。铜业、钢铁业与纺织业就是很好的例证。在这几个产业里，产品的市场价几乎就是由最有效率厂商的成本水准来决定的。

◎差异化是一定得花钱的。要做到差异化，企业必须投入更多资金在制作广告、开发产品、扩编销售与服务部门等项目上。只要有任何部门的运营绩效不佳，企业就会落后于运营绩效较佳的对手。

◎在大众商品产业，只要能控制生产成本，大致上就可以有很好的效率。对生产差异化产品的企业来说，要掌握效率，就必须兼顾成本控制与营销效益。

竞争优势的核心在于，要做到对手无法做到的事情。换句话说，“进入障碍”与“竞争优势”，两者其实是在说明同一件事，只不过说法不同而已。市场的新进厂商是没有办法真正享有竞争优势的，因为只要新进厂商一成为市场领导厂商，就会有新公司出来挑战，就像它们以前挑战当时的领导厂商一样。新进厂商刚进入市场时，也许会享有短暂的优势，但不会持续太久，也称不上是真正的竞争优势。况且，企业所享有的竞争优势大部分都有地域限制，不见得所有市场都能一体适用。举几个例子来说明：

◎沃尔玛现在是美国本土最大的零售商，主宰了多个消费商品市场。然而，沃尔玛一开始只不过是地区型的折扣商店，然后一步步扩张成今天的规模。沃尔玛首先专注在比较小的地区来发展自己的竞争优势，等到自己逐渐能够撑起更大的规模经济，才一步步向外拓展到邻近地区。

◎微软一开始先掌控住个人电脑的操作系统软件市场，在成功把竞争对手赶出主流市场之后，就进一步扩张到与操作系统相关的软件领域，像是文件处理、试算表、互联网浏览器等。

◎英特尔的发展过程也很类似。英特尔在 20 世纪 70 年代以制造记忆芯片起家，同时也设计微处理器。在 IBM 1980 年采用英特尔微处理芯片作为个人电脑组件之前，英特尔都维持记忆芯片和微处理器两项业务。1985 年，英特尔放弃生产记忆芯片，把心力完全放在微处理器上。时至今日，英特尔仍然主宰着微处理器市场。

◎苹果电脑长期以来试图身兼电脑制造厂商与软件开发商两种角色。尽管苹果电脑的产品线比业界其他公司更广，但是苹果电脑的市场占有率与英特尔及微软比起来，只能说是小巫见大巫。

关键思维

无论是个别企业还是几家实力基本上相当的企业，拥有竞争优势就可以位居市场领导地位。这种竞争优势比较可能出现在按地理区域或产品空间划分的区域性市场，大市场或是分散性市场就比较不容易创造出优势。市场的地域特性与特殊性通常是造就竞争优势的成因，普及性与分散性的市场反而无法造就优势。矛盾的是，虽然世界逐步迈向全球化，但是在制定选择市场的策略时，起关键作用的竟然是“从区域的角度思考”。取得区域市场的领先地位，可能比原本想的容易。如果全球经济的发展是按照发达国家的经济发展进程，那么服务业会变得越来越重要，而制造业的重要性则会递减。大多数服务业都有的明显特点就是，服务的提供与消费都是在同一个区域内进行。服务业区域化的结果，反而让厂商有更大的机会可以创造并维持竞争优势。成为下一个沃尔玛或微软的机会，可说是微乎其微了，但是专注在本行业的企业，只要能够了解自己的市场以及自己的特长，还是有机会大展宏图的。

——布鲁斯·格林沃尔德　贾德·坎恩

二　有一家独大的领导厂商吗

在大多数市场与产业中，没有任何企业可以享有绝对的竞争优势。所以，策略能不能成功，要看企业能不能灵活地跟各种规模的企业进行互动。如何有效应对其他公司的竞争行动，就显得十分重要。在这样的状况下，良好的运营策略很可能会综合运用下列3种方法：

(1) 赛局理论。

(2) 进入市场与先发制人。

(3) 合作协议。

若是有一家企业能够长期维持竞争优势，就可以居于市场领先地位，并且持续获得产业平均水准以上的获利。运营策略在这样的状况下就变得很简单了。这家领导厂商必须尽一切力量扩大并且利用自己的竞争优势，而市场上其他企业则

必须把心力放在提升运营效率上。

不过，大多数市场其实是没有一家独大的领导厂商的。在这些产业或是市场中，会有各种不同规模的企业，但是彼此规模又相去不远。结果，业界最小的竞争厂商在商业行动上一有什么风吹草动，都会对市场整体造成影响，即使是市场最大的领导厂商也不例外。在这样的状况下，企业要获得成功，就必须灵活地跟各种规模的企业进行互动。要做到灵活应付对手，下列 3 项策略通常会很有效：

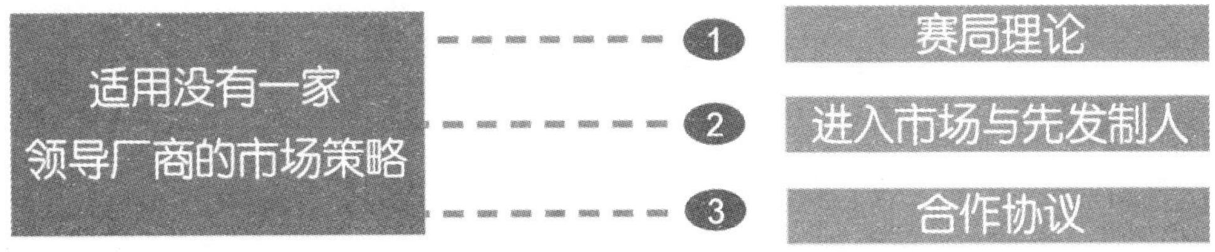

（1）赛局理论。我们可以用赛局理论中最常举的案例“囚徒困境”来思考。概略说明如下：有两名结伙犯罪的重刑犯遭到逮捕，警方对这两名罪犯进行隔离审讯。如果两名罪犯都拒绝招供，会因为证据不足而无法起诉定罪。不过，这两人也可以分别跟警方谈条件，只要认罪并且愿意指认同伙，就可以减轻刑期。假若其中一名罪犯坚决否认犯罪而另一名却认罪了，那么否认犯罪的罪犯就会被判比较长的刑期。在这种状况下，两人都可能因为受到强烈诱惑而放弃团体利益，俯首认罪。设定的诱因包括积极进取的部分（只要认罪就可以减轻刑期），也有消极防御的部分（你最好认罪，如果你的同伙认罪了而你还不肯承认的话，他可是会害你吃不完兜着走的）。在这样的情况下，罪犯是很难保持缄默的。

商场上类似囚徒困境的状况也屡见不鲜。举个简单的例子来说，假设室内装饰材料零售商劳氏，想要在家得宝已经开发出来的市场上开新的分店。

◎家得宝的应对方法会是大幅降价，还是跑到劳氏独大的市场上也开家新的分店？问题是，对于这两种应对方法，双方到底要付出多少代价？

◎如果家得宝没能恰当理解劳氏的举动，是不是就表示，就算劳氏决定在家得宝的其他市场上开设更多分店，家得宝也没有太大的反击能力？还是说，劳氏应该把心力放在不同的市场上，跟家得宝的目标市场区隔开来？

幸好这样的困境不会是无解的。因为在商场上，企业之间这样的互动模式大多是经过长时间演进的。因此，彼此的关系可以因为有一方调整了自己的做法，使得互动的气氛有利于合作，而不是全面竞争。调整做法之后，彼此也就能逐渐了解对方真正的意图，而不是在紧张的气氛下去了解。

善意的回应包括下列几种：

◎避免直接把彼此的产品拿来比较——就是让顾客有更多的选择。竞争的双方可以各自锁定不同的市场利基，或是用其他合理的方式，避免干扰对方的市场。例如，航空公司可以把自己班机起飞的时间和竞争者的时间错开。零售商也可以群聚在某一个地区，不去碰其他地区；零售商甚至可以各自专攻不同的产品利基，避免市场重叠。

◎制订能吸引顾客忠诚度的计划——利用奖励累积消费的办法回馈顾客，而不奖励单次消费。也就是说，只要顾客继续跟目前的供应商往来，不转去向竞争对手采购，顾客能够获得的奖励就会越来越丰厚。如果奖励也能够随着采购量的增长而增加，这样的计划就会更有效果。

◎限制产品上市的数量——两家企业事先协议限制产品上市的数量。如果大家都遵照协议，削价竞争的好处就不复存在。像各家电视台就有自律规范，限制电视台每小时卖出的广告时间。产业协定、都市的区域划分法规，以及安全标准，目的也都是这样的。不过，如果有任何一方不遵守协议，或是有新的企业进入这个产业，这种协议约定的平衡状态很快就会瓦解。

◎采取不同的定价措施。例如，要求供应厂

商只要对这个产业里任何一家企业降低售价，就必须提供每家企业相同的价格，不能独惠某个顾客。也就是说，没有任何一家公司能够利用降价抢新顾客，因为这样做并不会带来经济效益。

◎制定产业协定，规定采购与价格的谈判必须在限定的短暂时间内完成。这么一来，顾客就没有足够的时间在不同供应商之间，利用一家的报价去砍另一家的报价，反复多次议价去找到最优惠的折扣。

◎利用同业间的社交互动——运用非正式的方式抵制不受欢迎的价格措施。

◎拟定员工奖励制度——让员工不但重视销售量的增长，更重视获利能力。如果企业的红利、升迁与表扬制度都只是奖励业绩或是市场占有率的增长，员工就会全心冲刺业绩。如果每家企业的文化是把心力集中在获利与避免不必要的风险上，那么同业合作就会是可行并且有价值的策略选项。

（2）进入市场与先发制人。对于大多数企业来说，价格竞争是企业最常面对的重要决策。决定要不要进入新的市场跟现有的领导厂商竞争，则是排在价格竞争之后的另一项重要决策。这个决策的重点就在于产量与产能，而不在于价格。

上述竞争状况的例子在商场上相当普遍：

◎柯达 1976 年试图进入即时成像摄影市场，这个市场当时由宝丽来独占鳌头。柯达和宝丽来的竞争一直持续到 1985 年，柯达因为侵犯专利权，被勒令停止生产以及销售即时成像的照相机和底片，而且柯达最后还付给宝丽来将近 9 亿美元的赔偿金。

◎新西兰国际航空公司从 1992 年 9 月起，租用了 2 架飞机，开始经营 3 条航线：纽瓦克到芝加哥、纽瓦克到亚特兰大，以及纽瓦克到奥兰多。新西兰国际航空公司在 1996 年 10 月宣告破产，累计亏损约 3500 万美元。

◎1985 年，鲁伯特·默多克宣布新闻集团将

在美国成立第四家广播电视网，跟美国广播公司、哥伦比亚广播公司和美国全国广播公司竞争。默克多以1.65亿美元买下大都会媒体集团的6家独立电视台，然后建立福克斯广播公司。默克多的新闻集团先前已经买下了20世纪福克斯电影公司，而这个新的广播网，打算利用电影公司拥有的大量产品，为集团创造效益。新闻集团成功地把福克斯广播公司打造成美国第四家顺利运营的广播电视网，但是有线电视台、录像机、卫星电视等其他新技术，却使得无线电视网不再是过去那个吸金机器。

在这种状况下，新进厂商与市场领导厂商都会面临许许多多有待解决的难题。下列几项关键问题是新进厂商必须解决的：

◎要锁定哪个市场区隔。也许可以不去和领导厂商竞争，让领导厂商固守整体市场的某个部分，自己另觅一个利基市场耕耘。这样的做法通常比较实际，因为市场里总会有部分区隔是领导厂商不在意的。这样一来，新进厂商等于把市场做大了，而不是去分食现有市场的一块空间。

◎要步步为营，还是要大张旗鼓。因为急着对外宣布要进军市场的计划，表明了是要夺取领导厂商的一大块主要市场，势必会引起强烈的反应。一般说来，在进入市场的初期阶段，行事最好尽量低调，并且要让领导厂商清楚了解，自己没有要跟领导厂商抗衡的意思。新进厂商如果让外界认为它们的财力有限，也有助于缓和对立的气氛。

◎消弭领导厂商的敌对反应，就必须向对方明确传达自己只打算挑一个市场来经营，不是要进入领导厂商所有的市场。另外，让领导厂商知道，即使自己成功了，其他公司也不见得有办法跟进，因为其他公司必须面对结构性或是运营上的困难，这也是消弭领导厂商敌对反应的有效办法。要让领导厂商认为，新进厂商成功切入市场是绝无仅有的特例，而且这样的机会已经不

再了。

◎如果市场上有多家领导厂商，要让每家领导厂商知道，它们都受到新进厂商的影响，而不会只对某家领导厂商造成实质影响。这样的做法还会造成另一种效果，让领导厂商很难抵抗新进厂商进入市场，因为没有一家领导厂商有能力使出“杀手锏”级的应对措施。

◎清楚地说明长期的目标。让领导厂商知道，它们必须面对长期的市场争夺战。

从领导厂商的观点来看，它们必须谨慎应对，因为一旦市场变得不稳定，它们的损失可比新进厂商要惨重得多。一般说来，领导厂商有下列几种方法可以阻止新进厂商抢进市场：

◎明确表示自己会积极迎战任何新进厂商。所以企业如果不想陷入“长期抗战”，就应该识趣地去开发其他市场。领导厂商最好永远只是放话警告一下，不必真正采取行动，但是如果真有新进厂商胆敢挑战，也要有贯彻执行的意志。

◎维持超额产能。如果采取降价策略来威慑新进厂商，必须有超额产能才能迅速增加产量，满足因降价产生的额外需求。超额产能的变动成本应该尽量压低，这样在新进厂商与领导厂商爆发价格战时，才会有足够产量来满足市场需求。

◎保持足够的财力。在财务方面做好充分的应对准备，并且在广告与销售渠道建立良好关系，才能在必要时迅速发挥决定性作用。

◎建立完整的产品线与市场涵盖范围，不要留下太多还没开发的利基市场。这样每一个新进厂商都会了解，自己必须大费周章才能抢下一部分市场，没办法一进入市场就长驱直入拿下整个市场。

◎建立强有力而生气蓬勃的企业文化。这样的文化必须建立在某一项特定产品上。新进厂商如果了解领导厂商会把自己的存亡都寄托在特定市场的成败上，那么在决定要硬碰硬之前就会先好好考虑。多样化经营的领导厂商，通常比较不

愿意因一项挑战就“宣战”。

◎展现出以牙还牙的意志。也就是说，要让新进厂商知道，如果新进厂商真的抢进自己的市场，自己也会还以颜色反攻对方原有的市场。这种反攻新进厂商关键市场的暗示性威胁，有时候能够收到奇效，让新进厂商认真思考该不该进入市场。

（3）合作协议。合作的重点在于结果。结果也就是指，如果产业景气看好，合作的报酬会有多高，以及参与合作的厂商要怎么分配报酬。在相互合作的商业环境下，这个环境的大部分环节都会自我治理，因为只要所有企业决定了发展的方向，那么朝目标前进的机制就会明显浮现。每家企业都会有朝正确的方向发展的强烈动机，因为这样可以让自己获得应得的共同利益。

实际上，合作可以减少资源浪费，因为每家企业都会利用资源来把市场做大，而不是互相争夺最大的一块市场。如果所有参与合作的企业都能认识到团队合作的效果要明显优于自力更生，那么合作就能创造最佳的成效。

要有效利用合作的策略，必须注意下列两项关键问题：

◎找出实际可行的方法，创造最大的共同利益。换句话说，要尽可能让整体产业能够获得最多的利润。要做到这一点，就要把整个产业组织起来，避免把资源浪费在没有必要的重复作业上。更明确地说，企业可以合作的事项包括下列几项：

- 设定一般服务的价格水准。
- 分配产量，让产能达到最优化。
- 使用效能最佳的生产设施。
- 建立服务收费的管理规章。
- 协调产品线以减少市场重叠。
- 分摊研发费用，分享研发成果。
- 消除多余的配销链。

要让产业的获利能力提升到最高，可能还要

让不同的企业去经营特定的利基或领域，让它们有空间独自经营这些利基和领域。这种方法包括，把生产作业分配给产业内生产效能最高的工厂，不管这些工厂是属于哪家企业的。充分利用生产效率最佳与地理位置最好的工厂，就可以逐渐关闭不能创造利润的工厂。把生产业务集中在几家生产效率最高的企业上，也可以让同业间不必再相互争夺资源，这些资源包括具有专业技能的劳工、能源、资金以及其他生产原材料等。同样，整体产业要能把效率提升到最高，也可以共同管理与协调配销、服务等业务，而不是每家公司各行其是。如果整体产业能够形成在业内无条件授权新一代技术的规范，也可以避免各家企业进行重复的研发活动。要是产业内的每家企业都同意合作，不搞对立，那么广告费用和其他经常性支出的效益也会更高。

◎设计出公平的计算方式，让参与合作的企业能够分享到应得的利益。如果希望合作的方式能延续或是扩大，公平就很重要。这不只是正义的问题。要让合作关系持续，就必须让产业内所有企业都认同，合作要比单打独斗更能创造获利。如果有哪家公司不认同，就会终止合作，而且还很有可能造成连锁效应，让其他公司也都跟着各行其是。产业合作的结构是不是稳定，关键就在于利益的分配是不是能让各方感到公平。

下列 3 项原则可以用来评量利益分配是不是公平：

◎个别的合理性。每家企业因为合作获得的利益应该要高过在公开市场竞争获得的利益。就实际的层面来看，没有受到进入障碍保护的企业，获得的利润应该略高于这些企业的资本成本；而受到进入障碍保护的企业，获得的利润则应该高于这些企业正常的预期获利。

◎对称性。也就是说，没有任何一家参与合作的企业会分得不对等的财务收益。如果有任何一家公司认为其他企业从合作协定上获得的利益

比自己要好得多，它们就会觉得自己亏大了，然后就会想要脱队单打独斗。个别企业的贪婪行为可能会严重破坏合作的协定。

◎线性变数。也就是说，假设在同一个市场区隔里有两家企业，各有各的竞争优势，而其中一家企业的规模是另一家的两倍，那么在分配因为合作获得的额外收益时，规模较大企业获得的利益应该也必须是规模较小企业的两倍，这样才能恰当反映各家企业之前在竞争过程中获得的成果。

关键思维

如果一家企业在产业合作的配置中所占的地位前景并不看好，举个极端的例子——这家企业的供货成本太高，使得这家企业在产业合作之后反而失去了存在的理由，那么这样的信息对这家企业来说，就是在思考未来发展策略时非常重要的观察点。这家企业要想生存下来，唯有在整个产业合作失灵的情况下才有可能。这家企业如果想要继续生存，就必须赶在市场上更强的参与者成功合作之前，尽快提升自己的地位。

——布鲁斯·格林沃尔德　贾德·坎恩

三　我们是自己所在的市场区隔中独大的企业吗

要评量自己的竞争优势，可以利用下列3种方法检测：

（1）我们所属的市场到底是哪些市场，在各个市场中又有哪些竞争对手？

（2）我们自己或是我们的直接竞争对手，是不是长期享有独大的市场占有率，以及超出产业平均的获利水准？

（3）我们自己或是我们的直接竞争对手，是不是拥有产业中其他企业所没有的专有技术、被锁定的顾客、法规屏障的保护，或是显著的规模经济？

如果你的企业拥有竞争优势，那么回答上述这些问题时，答案就很清楚了。你可以依据自己的条件制定运营策略。如果你不是所属产业里的领导厂商，那么你就只有两条出路，要么退出这个产业，另外找一个可以创造出竞争优势的领域，要么就把所有心力都放在尽可能提升运营绩效上。

（1）我们所属的市场到底是哪些市场，在各个市场中又有哪些竞争对手？把你所在各个市场的竞争结构，用产业生态图的方式描绘出来。要决定市场区隔的界限通常很不容易，但是描绘产业的生态有助于厘清自己企业的定位。如果在好几个市场区隔都发现同一家企业的名字，那么也许可以把这些区隔当作是一个单一市场的一部分。

（2）我们自己或是我们的直接竞争对手，是不是长期享有独大的市场占有率，以及超出产业平均的获利水准？如果你或其他企业享有竞争优势，或者换句话说，就是受到进入障碍的保护，显然就会有源源不断的收益。下列3个迹象可以用来判断市场是不是有进入障碍：

◎市场占有率稳定。在开放和竞争的市场，企业会经常从彼此手中抢夺市场占有率，然后又因为其他竞争对手的抢夺而丢掉了市场占有率。各家企业的市场占有率常常会变来变去。相对地，如果拥有稳固的竞争优势，企业就可以长期保有市场占有率，不怕被其他新进厂商抢占。

◎有一家厂商的获利能力远超过同业。因为享有竞争优势，所以可以收取较高的费用。在完全竞争市场中，厂商可以自由进入市场，使得企业无法获得高过资本成本的报酬。如果有一家企业的获利高过资本成本，那么这家企业一定是受到进入障碍的保护，否则其他企业也会进入这个市场，并且享有相同的高报酬。

◎这个市场没有其他企业进出的记录。因为市场越开放、越竞争，市场环境就会越多变。新企业会进入这个市场，而原本在市场内的企业则会退出，改去寻找更好的商机，市场上的企业不断进进出出。如果有一段时间都没有企业进出这个市场，那么这个市场的领导厂商很可能就是持续受到进入障碍的保护。

（3）我们自己或是我们的直接竞争对手，是不是拥有产业中其他企业所没有的专有技术、被锁定的顾客、法规屏障的保护，或是显著的规模经济？如果市场里各家企业的市场占有率和获利率都很稳定，那么就应该好好找出形成竞争优势的原因。要找出成因应该不会太难，因为可能的成因有下列 4 项：

◎专有技术——因为专利、特殊制程、成本优势，或是其他知识产权而能够独享的技术。

◎被锁定的顾客——原因可能来自顾客的消费习惯，或是顾客的转换成本太高，或寻找其他合适替代产品的费用太高。

◎显著的规模经济——也许结合了某种程度上能够锁定顾客的优势，使得这家企业的产品与服务，可以收取比开放市场更高的费用。

◎政府干预与法规——也许是因为各种不同的规定，例如证照规定、特殊津贴、特定法规等各项政府特许条件。

如果你可以找出一家企业竞争优势的可能成因，你就可以利用前两种检测方法交叉检验，确认自己的结论是不是正确。如果市场占有率稳定，产业的获利率也很高，那么这家企业成功的原因最有可能是拥有优秀的管理能力，可以创造出优于其他同业的运营绩效。这么一来，你对自己应该怎么维持这样的优势，就会有一定的概念。拟定企业策略时，这些资讯是很有帮助的。

关键思维

市场上企业进出的记录，还提供了另一条线索。市场上企业进出得越频繁、企业排名的变动越大、竞争对手越多，这个市场就越不可能有进入障碍与竞争优势。如果这个市场里的企业不多，变动也不大，那么这个市场的领导厂商就很可能受到进入障碍的保护，并且靠着竞争优势获利。

——布鲁斯·格林沃尔德　贾德·坎恩

四　我们是不是尽力做对每一件事来提升竞争优势

许多企业在做投资决策时，无论是要合并还是收购，要投资新创事业还是扩充品牌，都是把未来能够创造多少现金流量当作唯一的考虑。企业当然可以从上述的角度来考虑，但是如果能一并考虑策略性的议题，就可以做出更好的决策。根据竞争优势和进入障碍来做投资决策，是制订投资计划的最好基础。

评量企业价值的传统方法是：

净现值 = 预期价值 − 预期成本 − 折现

（1）净现值——企业现有净值。

（2）预期价值——企业预期的未来价值，是把目前现金流量的价值加上未来预期现金流量的价值。

（3）预期成本——企业预期未来的成本，也就是企业为了获得现金流量将会发生的费用。

（4）折现——资本成本加风险津贴。

传统的企业价值评量方法必须先设定多项假设。比较好的评量方法是，根据竞争优势来评量。在这个替代方法中，计算企业价值的公式是：

净现值 = 资产价值 − 获利能力价值 − 成长价值

（1）资产价值——资产负债表上企业资产当期的价值，资产包括：现金、有价证券，以及用复制成本来评量价值的无形资产。

（2）获利能力价值——如果企业能够持续不断地分配当期盈余，那么这就代表了企业未来应有的价值。获利能力价值是表示，假设企业在未来没有成长或折旧的情况下，企业当期运营的价值。

（3）成长价值——企业因为竞争优势与管理能力，在未来可能达成的成长价值。成长对企业

来说，就像一把双刃剑，因为成长可能会造成下列影响：

◎如果成长的结果是收益低于资本成本，那么这样的成长就不是好事，还会稀释企业的整体价值。

◎如果成长的幅度大致等同于当前资本成本水准，那这样的成长就对企业没有太大影响，企业的净现值既没有增加，也没有减少。这样的成长没有太大意义。

◎只有真正因为竞争优势而成长，才能创造附加价值，并且对企业才有实质的意义。享有稳固竞争优势的企业，可以合理预期自己能够获得稳定的大幅成长。在这样的条件下，成长价值高低可以会跟产业成长或市场区隔成长的幅度联动。

如果企业能够厘清自己所属的竞争环境，以突显自己的竞争优势，就可以让其他方面的运营决策变得比较容易。

下列是提升竞争优势可以采取的投资途径：

◎合并与收购。这两项做法的投资风险一定都很高，因为企业必须付出一大笔钱，而且金额往往高于市场行情，另外还必须支付投资银行与顾问一大笔费用。除此之外，许多交易是着眼于未来可能产生的效益，以及交易如果顺利进行可能产生的其他益处。从新的价值评量观点来看，企业投入的努力与资金要保证能够产生效益，合并与收购的策略必须符合下列两项要素：

·根据新兴的竞争优势来制定策略。

·能够产生切合实际并且可行的成本节省效益。

◎投资创投事业。企业必须长期投入大量资源，而投资的结果可能显示出企业整体的发展方向。决定投资成果好坏的关键，同样要看其他进入同一产业潜在新进厂商的动作而定。潜力无穷的产业，如果没有进入障碍，可能就会变成创投资金的无底洞。实际上，能够充分发挥企业现有竞争优势的新创事业才是最好的。这样的新创事

业能够配合现有市场的需要，而不是去空想未来才有可能具体落实的市场。同样，企业是否拥有竞争优势，这很关键。如果有一家企业成功地把新创事业引进一个没有进入障碍的市场，那么其他企业必然会争先恐后地复制成功的经验。在做新创事业的投资决策时，完全要看企业是否拥有竞争优势。

◎扩充品牌。企业在其他市场推出新产品时，都喜欢使用自己已经建立起知名度的品牌带领新产品进入市场。问题是，品牌本身不是竞争优势。事实上，大多数品牌都跟某项特定的产品紧密联系，因此造成这些品牌的定义太过狭隘，使得这个品牌很难再用到其他产品上。品牌要能够和竞争优势产生联系，这样才能真正为企业创造新的价值，因为竞争优势要不就是可以锁定顾客，要不就是可以通过生产流程达到规模经济。如果把品牌扩张到经销权以外的市场，那么就算是拥有竞争优势的企业，通常也没办法通过这样的投资创造太多利益。知名品牌进入新的市场时唯一能够创造新增价值的原因，往往是企业不必从头再建立品牌而节省成本。节省下来的成本可以帮助企业享有比其他市场新进厂商更高的效率，但是成本节省的金额通常很有限。

关键思维

要在合并与收购、投资新创事业以及品牌扩充等策略上做出明智的决策，就必须了解其他经济个体会产生的策略性影响。想要有效执行经过精心规划的计划，就必须把心力集中在财务细节或是营销方法上，但是如果没有弄清楚竞争环境，就会变成见树不见林。在没有竞争优势和进入障碍的情况下，新兴企业的发展策略只有一个重点，那就是有效利用一切必需的资源。对任何企业来说，运营绩效可能是决定成功与否的最重要因素，甚至是决定生存与否的关键。

——布鲁斯·格林沃尔德　贾德·坎恩

要赢不要争

Corporate Aikido

Unleash the Potential within Your Company to Neutralize Competition and Seize Growth

原著作者简介

罗伯特·皮诺（Robert Pino），荷兰鹿特丹伊拉斯姆斯大学MBA，拥有多项特殊心理学相关证书，并且是国际教练联合会纽约分会的会员，拥有20余年国际管理和咨询经验。皮诺深入研究东方哲学并修习合气道、空手道和柔道等，在1998年创办企业与人生策略咨询机构“皮诺成长中心”，客户涵盖企业界、艺术界和娱乐界等领域的领导者以及全球各大企业。著有《人生大满贯》、《运由气生》等图书。

本文编译：林文祥

主要内容

不战而胜

合气道的基本哲理在于制胜而非搏斗，最重要的是必须先战胜自己。人人都能通过“合气道精神”，取得更高成就。合，和谐，在资源与环境中寻求平衡；气，能量，建立公司的核心思想体系；道，方法，以和谐的方式去实施策略。企业运用“合气道模式”，强调的不是去打击对手或试图短兵相接，更不是逃避竞争压力，而是通过改变竞争法则，让对手的力量变得无用武之地。以这种奇特而略显另类的思考模式重新迎接各种挑战，你也能冲破重重难关，因为所有事情成功的关键就在自己心里！

《孙子兵法》曰：“不战而屈人之兵，善之善者也。”在商场上，不战而屈人之兵就是建构一个把竞争优势与核心能力融为一体的经营模式。

《孙子兵法》中体现的不战而胜的观点教导大家用最小的成本获取最大的利益。对待竞争对手，无论是处于何种市场位置，从策略上讲，都必须避免正面开战、直接进攻的简单思维，而要寻找最有利于发挥自己的资源优势、最能减少自己的投入成本、最有利于回避竞争对手的强项而利用其弱项的方法。

戴尔是世界知名的电脑公司，其直销模式就是直接向客户销售，从而降低支付给中间人的成本，大量买入配件以获得最低价，并迫使供应商在自己的工厂附近建立仓库，这样零件在几小时内就能送到。戴尔选择的策略是相当高明的：不战而屈人之兵。戴尔的主要对手惠普和IBM以建立自有系统来应对竞争，耗费大量资源去研发不同的操作系统和硬件，结果并未普及。相对地，戴尔省下研究经费，成为Wintel（包含Intel CPU和微软Windows操作系统的电脑）的最大卖主。此外，IBM虽然坚持高品质的服务，

却也具有价格昂贵、用户的选择比较少等缺点。低成本的直销加上对商业客户战略性的选择构成了戴尔的比较竞争优势，而对装配与供应体系的设计与实施能力则是戴尔的核心竞争力。当这两者很好地融合后，戴尔的竞争对手就会发现，戴尔降价之后还有很大的利润潜力，于是自己只好望而却步。

迂回攻击

合气道的精髓在于防守者必须去接近攻击者，而不是逃避退缩。对于竞争对手，企业合气道会采用迂回攻击，包含改变定位与建立新的产品组合。Swatch 将手表从功能性产品转变成时尚性产品，定价在 30 到 100 美元之间，比起瑞士传统手表动辄数千或数万美元便宜很多，而且客群广泛，不论男女从成年人到小孩对 Swatch 都有需求。Swatch 也将瑞士表原本多而复杂的组件大幅减少，从而因制作流程简化而导致成本大幅下降。Swatch 通过将理性诉求转为感性诉求的价值创造，创造出不同的需求。

Google 在搜索领域建立难以撼动的龙头地位，迫使竞争对手不断推出新功能，比方说，Ask Jeeves 增加了智能搜索的功能，能像百科全

书一样回答常识性的问题；雅虎则将常被搜索的关键词列在自己的首页上；AOL Search 与 MSN Search 能提供来自合作伙伴的资料库内容。然而最具突破性的服务便属 Mahalo 的人工智能搜索。程序设计的搜索引擎，最大优点就是强大搜索能力与庞大资料库，却也要面对几十万个重复率高、充满广告的网页。Mahalo 回到用户的需求角度，帮用户快速、准确地找到资讯，不与 Google 正面交锋，反而借助其强大的搜索功能，利用人工帮用户浏览相关资讯，剔除各种垃圾邮件与无意义的链接后，再将网页进行分类，呈现给用户最需要、最有组织的搜索结果。

策略和解

企业合气道的目标不是摧毁竞争对手，而是化竞为合，追求共同的目标。最理想的结果是，即使竞逐同一个市场，还是能够拥有茁壮成长的空间。采用同样策略的公司，只要锁定不同的目标客群，即使是同一个市场的专业厂商，也不一定会直接竞争。马丁大夫鞋业公司的靴子备受25岁以下男性的热爱，Genesco品牌旗下的Johnson&Murphy则针对25岁以上的男性，营销正式男鞋。两家公司的市场划分明确，互不竞争，也是一种成功的策略和解方式。

法国汽车生产商标致和日本丰田两家公司在欧洲合作，联手生产小型汽车，主要客群瞄准欧洲入门市场消费者，提供在市区驾驶的愉快体验。双方在2002年成立合资企业Toyota

Peugeot Citroen Automobile（TPCA），于捷克共和国的一个共同工厂制造小型汽车，不仅共同设计汽车，也包括一起研发汽车零件，每年生产30万辆汽车，这个计划还提供当地3000个工作机会，以及15亿欧元的投资。合作期间联合推出3款小车，分别是Peugeot 107、Toyota Aygo以及Citroen C1，携手进攻欧洲市场。虽然车身结构以及零件都相互共享，但是在设计风格上，仍然保有自家品牌的独特特征。

企业合气道

合气道，其基本哲理在于不战而胜，讲究先战胜自己。企业合气道的技法是要利用资源建立自己公司的力量，而不是被动回应对手的竞争行动。

企业合气道结合了上述原理，并将之应用在经营策略上，具体来说就是要：

◎为企业打造强而有力的愿景。

◎建立并培养企业的内在力量。

◎构想出营销计划，让竞争对手的力量无用武之地，也不去和对手硬碰硬。

◎找到有效方式让资源、定位与目的能够达到平衡，并且善用这样的平衡。

企业合气道不是要和竞争对手近身肉搏，而是提出另一种可能更具力量的替代方案。

关键思维

对成功与成长而言，最重要的起点是去相信自己与自己的组织，并且建立正确的人生架构来培养力量。我们往往会避免去下决心，因为下决心让人感到不安。但是我们之所以避免去下决心，往往也表示有必要做出选择。尽管如此，快速获取正确资讯、想出各种假设情况，并养成预判状况与自信的心态，对于尽量降低决策风险来说，还是非常重要的。

在商场上，我们对竞争对手的态度几乎总是敌对的，这完全没有必要。相信自己的能力，并且去追求绝对的胜利（战胜自己），而不要追求相对的胜利（战胜他人），这才是真正的胜利。

——罗伯特·皮诺

一　企业合气道——理想的企业管理策略

企业合气道所强调的不是去打败竞争对手，而是去改变企业竞争的规则，让对方的力量无用武之地。

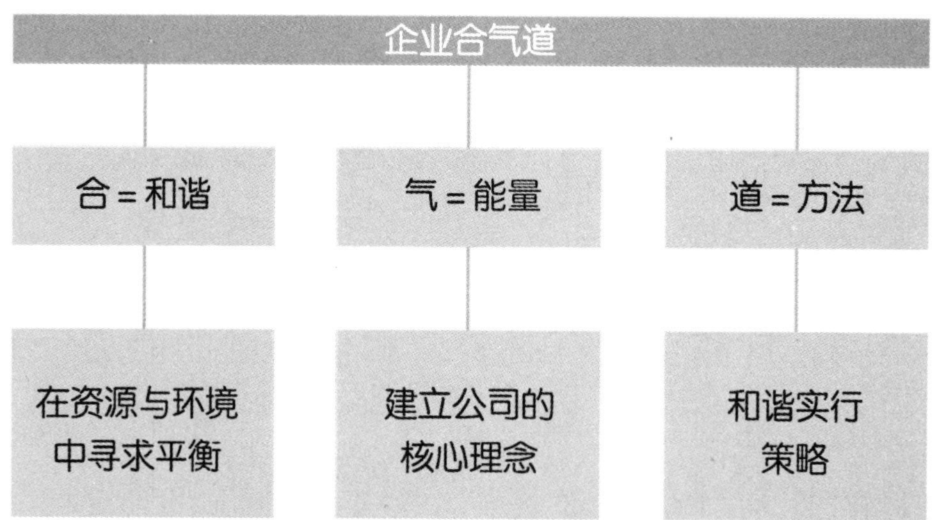

以竞争为导向的经营策略通常奉冲突斗争为圭臬，将竞争对手视为敌人，并且要尽快将对手从商业地盘中彻底消灭。

然而实际上来说，打营销战通常会给获利带来负面影响，无论赢家或输家皆然。因此，比较

明智、可靠的方法是采用企业合气道，也就是说经营策略不再把重心只放在打垮竞争对手上，而是要设法让对方的竞争力无用武之地。

要怎么让对手的竞争力无用武之地？有好几种方法可以做到，包括：

◎推出突破性的服务或产品概念。带给客户和顾客附加价值，或许就能达到预期的效果。能够做到这一点，等于改变了业界经营企业的游戏规则。

◎密切锁定在公司的核心理念上。比如：减少所服务的顾客数量，但是增加服务项目与产品种类。

◎把重心转移到改善企业和回应顾客的方式上。也就是把新的竞争当成促使公司提升绩效的有效催化剂。

◎在市场上推出新的高端品牌。借此拉高顾客的期望，使刚踏入市场的低端品牌相形失色。

简而言之，合气道是一门不战而胜的艺术。要达到这个境界，就要让竞争对手的气力转向，变成是对付它们自己，是对它们自己不利。企业合气道的目标是要化解竞争，而不是去消灭竞争对手，因此所有技法都指向这个核心目标。

关键思维

企业合气道这项策略的目标，在于化解与掌握对方，一方面要排除对方的竞争，一方面还要让对方能够继续经营。竞争是必然的，因此降低竞争的手段，必须从道德的观点出发。

——罗伯特·皮诺

“营销就是作战”在管理学的论述与实务上经常被提及，这句话背后的基本观念是，对竞争对手一定要加以消灭。然而真是如此吗？竞争本身具有一项功能：能刺激企业不断成长、推出新产品、尝试新科技，并且在市场上创造出突破性商品。“营销就是作战”也表示一定会有一方是

输家。其实有一种有效的替代方案——让竞争对手的力量无用武之地，这是更根本的解决方法，能使你不再想着摧毁对方，而是去超越对方。这种态度更合乎道德，展现出公司的繁荣来自其内在的力量。这种态度能够带来更美好的成果。

——罗伯特·皮诺

竞争可以促使进步，让企业可以做选择，而且给予企业持续改进的空间。真正的高手不畏惧竞争，如果经理人害怕竞争，那问题就不在于竞争，而在于他自己。

——罗伯特·皮诺

要采取以合气道为导向的策略，必须调整心态。经理人必须自问，该不该运用企业资源去实行策略目标，并且进一步深化企业的核心理念。经理人可以选择去预判竞争对手的攻击，并集中心力探究企业存在的目的，在那目的之中，蕴藏着无穷的成长潜力。

——罗伯特·皮诺

在价格和品质上进行竞争通常是一场无止境的竞赛，结果往往是“最大者生存”，而不是最适者生存。根据合气道的原则，最好能顺势化解竞争对手的攻击，使对方发出的力量对它们自己不利，而不是去攻击对方在市场上的弱点。让对方的力量无用武之地，是根本之道。为顾客创造新的价值，并建立顾客熟悉和认同的标准，最终将带来更理想的成果。

——罗伯特·皮诺

二　合＝“和谐”或“协调”

以合气道为导向的企业策略认为，以自身之道行事，绝对比回应竞争对手的行动更能产生理想的长远成果。

当今最重要的管理议题是：如何洞悉未来？

要达成前瞻愿景，并且尽可能获得最大成果，必须在下列几项要素间求取平衡：

◎使命——公司的气。

◎策略——公司的心。

◎组织——公司的体。

传统竞争策略所带来的竞争优势，很可能会在很长一段时间之后消失无踪，例如：

◎如果要打成本战，可能会有人发展出新科技，让所有人都能享有低成本，也让你因此失去领导地位。

◎如果在差异化上竞争，今日的特点通常会变成明日的标准功能，造成参考架构改变，使竞争优势因此削弱。

◎如果心力过度放在竞争对手身上，会因为对方的行为而影响自己的决策，让对方间接影响自己对待客户与顾客的方式。

◎如果强调建立品牌，可能会因此错失能为顾客创造新价值的其他活动。

简单来说，传统的竞争优势会不断流失。比较可靠的做法是结合能够预期竞争对手可能会采取的各种动作的远见，以及化解这些行动的能力，来获取竞争优势。这正是以合气道为导向的企业策略所能够带来的优势。

企业合气道认为，根据公司整体绩效来制定竞争策略，这样的策略比前文所述的传统竞争策略更长久，成果也更有利。消费者最终是根据公司的整体运营活动来做出反应的，如果公司上下都能明白这点，企业合气道这种做法便会特别

有效。

如果企业倚赖一般的经营策略和惯用的经营观念，可能会陷入危机，因为企业只会用既定的方式去应对任何可能产生的状况。例行公事会取代原创性与创造力。此外，企业面对新市场需求所需的反应时间会因此延长，而不会缩短。

如果一家公司的做法不再一成不变，而能够做到以下几点，就可以被视为“心智成熟”，包括：

◎预期竞争对手可能采取的动作。

◎化解无缘无故的攻击行为。

◎设法掌控不确定的状况。

企业合气道比其他任何方法更能具体实现上述结果。

企业合气道同时认为，独特的企业能力比竞争优势更为重要，也更具长远价值。

独特能力存在于以下 2 个价值圈的交集之中：

◎外在力量。

◎内在力量。

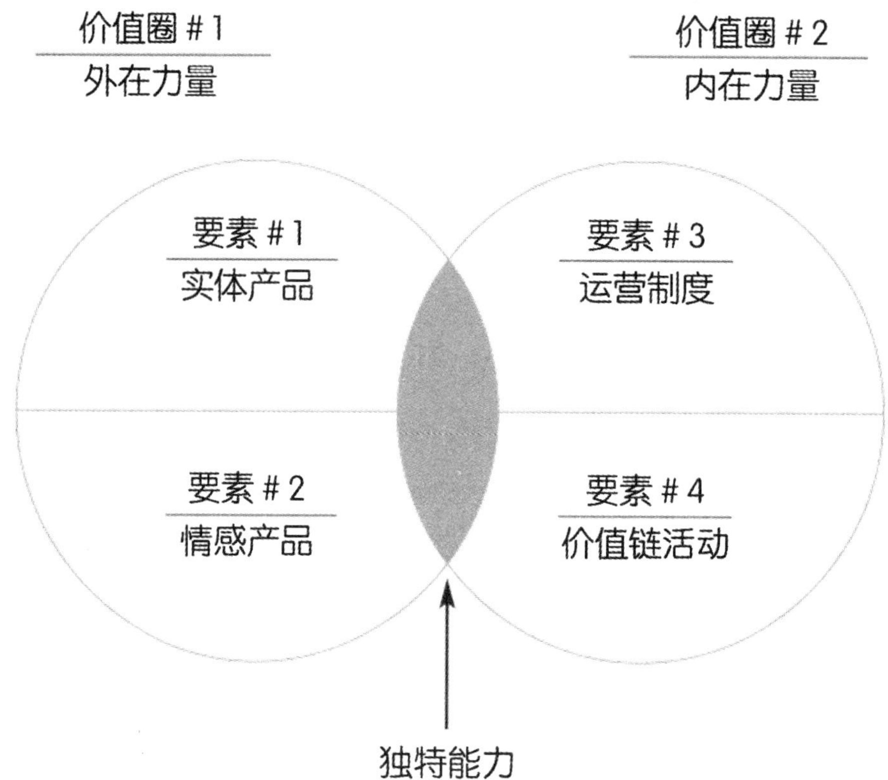

逐项说明上述要素：

（1）实体产品（或服务）也就是产品本身——产品或服务的技术特性。

（2）情感产品是使用者能获得的整体利益——消费者使用产品所带来的效果。

品牌名称能够将实体产品与情感产品融合为

一体，实体产品之间的竞争（例如 IBM 与苹果电脑）会刺激新科技的发展。相形之下，情感产品之间的竞争（例如可口可乐与百事可乐）则会刺激品牌知名度。实体产品或情感产品在不同市场上的重要性孰轻孰重，要视各种不同因素而定。

（3）运营制度是企业与客户或顾客互动的方式。因此生产、物流、业务与支持等各个部门要联合起来打造完美无瑕的顾客体验。

（4）价值链活动就是所有构成产品或服务整体使用体验的要素——要由消费者的感觉来评量。

企业合气道认为，就长远而言，发展出有特色而独特的能力，结果会比单纯试图直接攻击竞争对手的弱点要理想得多。

这样一来，企业合气道就能让企业开创出属于自己的未来，而非仅限于被动适应市场变化或竞争对手的动作。整合这两种价值圈能够让以合气道为导向的企业守住自己的核心能力，并借此开辟出成长的路径与通往未来的渠道。

企业的整体独特能力反映在企业的价值主张上。

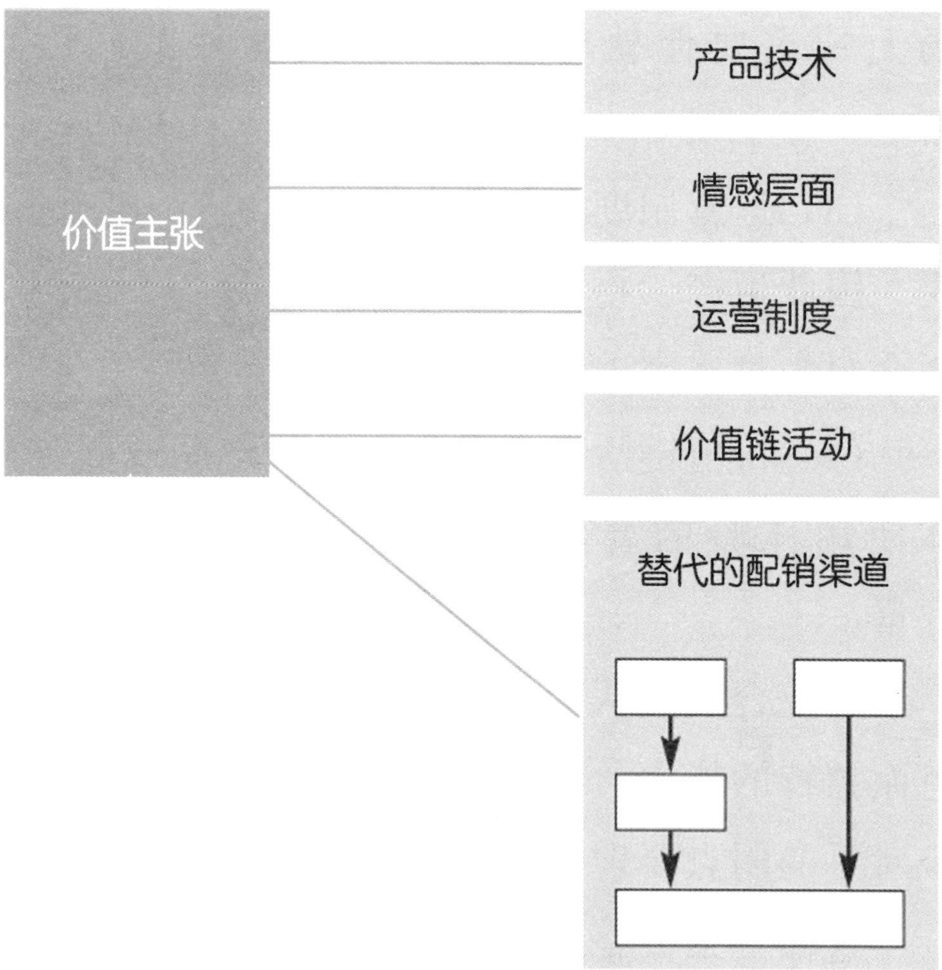

价值主张

产品技术

情感层面

运营制度

价值链活动

替代的配销渠道

从价值主张可以看出，新增的价值会从何而来，使企业最终能够将价值带给顾客、员工或

股东。

接下来围绕着价值主张所产生的关于经营策略方面的关键问题是：

◎找出应优先处理的要素。

◎根据各项要素调度资源。

◎规划出目标以及可靠的追踪评量方法。

◎开始行动。

企业合气道认为，只要企业不是试图去胜过企业外的第三方，而能在使命、策略与企业架构之间找到平衡，借此在经验上有所成长，就可以创造出最大的新价值。

通常，化解竞争对手最有效的方式，就是化竞为合。下图就可以很好说明两者之间的不同：

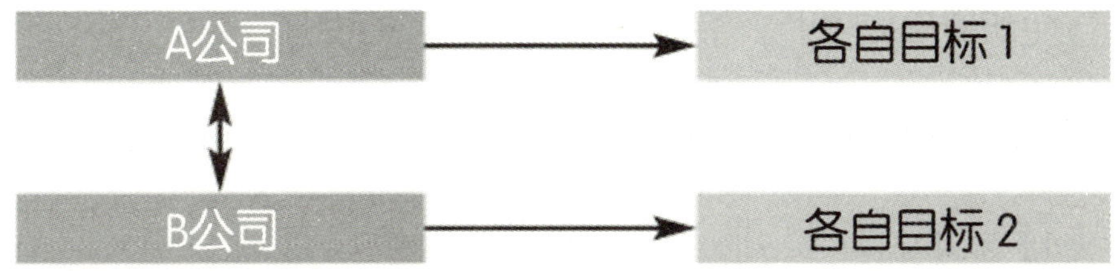

由于A公司与B公司将部分资源耗费在对抗彼此上，两家公司都无法用全力去达成各自的

目标。

企业合气道认为，两家公司合作不仅能够有效化解竞争，还可以缔造最理想的成果。

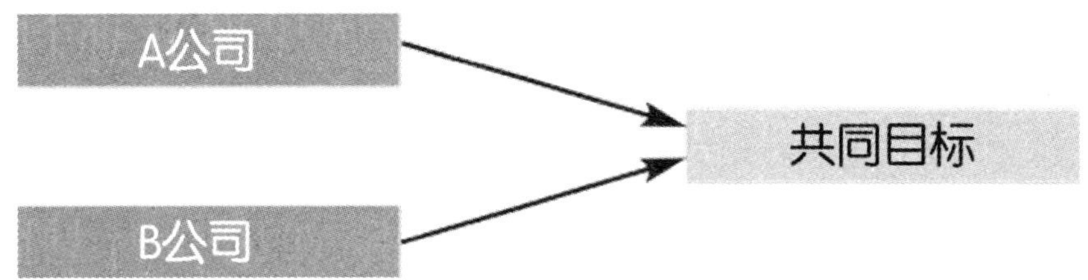

要实行企业合气道，取得精确资讯的能力对于策略是否有效至关重要，而正确解读资讯的能力也不可或缺。良好的企业合气道资讯系统能实现下列几点：

◎简洁精确地区别资讯是否和自己相关。

◎能有效搜集公开资讯与专业资讯，不会过度累积侵犯他人隐私的资讯。

◎搜集简要、适合当前情况的资讯。

◎将未经处理的资讯转换成可利用的片段，用以有效而简要地进行报告。

◎会尽量去思考多种可能性，如此将可避免受限于僵化的参考架构，这种架构在日后可能被

证明是不正确的。

关键思维

合气道的观念中没有本位主义或英雄主义，也没有所谓的失败或成功，只有一种结果，就是从中让自己成长。

——罗伯特·皮诺

像竞争优势与一般策略，这些管理学论述中大家惯用的观念之所以危险，是因为它们可能导致企业以老套的方式去面对竞争对手。惯用的方法与分析，只会使策略一成不变。

——罗伯特·皮诺

三　气＝“精神”或“能量”

如果员工与企业的使命、策略能够完美协调，便会产生综合效果，成为企业的内在力量，推动企业达成卓越成就。这种内在能量或创造力，就是所谓的“气”。

企业的气来自：

◎目的感或愿景。

◎累积的经验、价值观与文化。

◎员工与企业架构的互动。

企业合气道可以视为“攻”（竞争攻击原理）与“守”（防守行动原理）交互产生的结果。

要获得这种内在能量，必须经过许多过程，其中有些过程乍看之下似乎自相矛盾。在东方文化之中，这种动态可以用象征“阴”和“阳”的太极图来表示。

基本上，阴为正，阳为负。自然界中万事万物都是两面的，正、负两面不断消长，而且持续变化和流动。

举例来说，大多数企业都处于两种完全相对的活动中：

就企业合气道来说，只要企业能够让使命、资源与策略协调一致，就会产生正向能量，也就是“正向之气”。正向之气包括下列几点：

◎企业 DNA。

◎企业文化。

◎企业的规范与价值观。

◎企业存在的根本理念，也就是其角色。

◎企业的精神与内在力量。

正向之气是一股推进的力量，能够促使企业与其他组织做到下列几点：

◎为求进步不断努力。

◎表现超越竞争对手。

◎寻找更佳方式来为顾客提供更多价值。

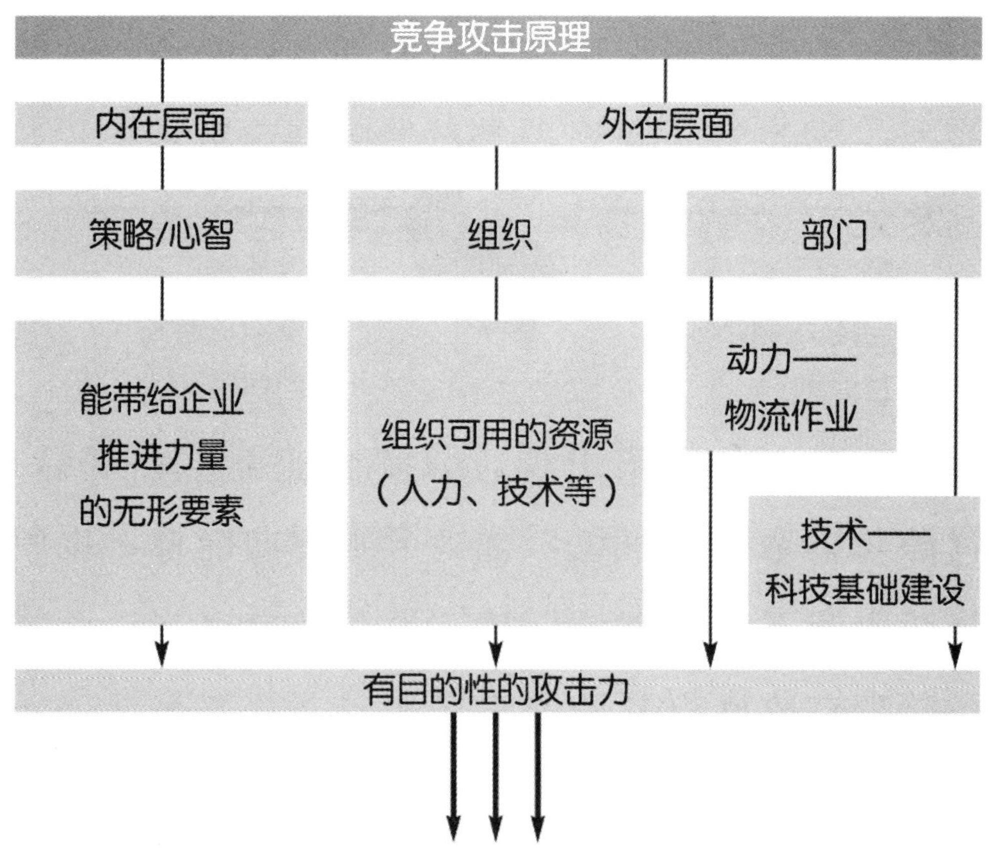

就企业合气道而言，要进行竞争攻击，内在因素与外在因素之间取得平衡是相当重要的。

内在因素能够激发企业或组织去竞争，这是一家企业的精神，也就是结合了文化、态度、规范与价值观的力量。

外在因素则是构成进攻的实体要件。在此，企业成了攻击用的“武器”。同时，部门则关系到发动进攻的速度，以及要采用何种运营制度来攻击。

当然，企业合气道在这方面是相当独特的，那就是合气道并没有所谓的攻击动作，只有防守动作。因此，所谓竞争攻击不应被视为积极行动，不是要去提高市场占有率或达成其他目的。就企业合气道而言，竞争攻击反而是用来适应经营环境的变化，或是预判竞争对手的行动。不管外在竞争对手在市场上可能会采取什么行动，事先考虑与计划就可以开创自己的未来。

如前所言，平衡在企业合气道中是极为重要

的。执行不当时，即使再好的策略也没有用。一家公司如果想要成功达成理想成果，就必须适当规划组织架构，并且备齐必要资源、基础经营架构等要素。同样，如果希望最终能够实现目标，选择适当的时机和正确解读市场实际状况也是绝对有必要的。

企业合气道不能用来摧毁竞争对手，或是让对手跪地求饶。设计完善的合气道计划反而能造成所谓的“策略和解”，也就是说即使市场上的成员都竞逐同一块市场，还是能够拥有茁壮成长的空间。对合气道而言，这是最理想的结果。

合气道型的竞争攻击有另一项明显的特色，就是带有迂回包围的性质。攻击竞争对手的传统方式相当简单明了，可以用下图表示：

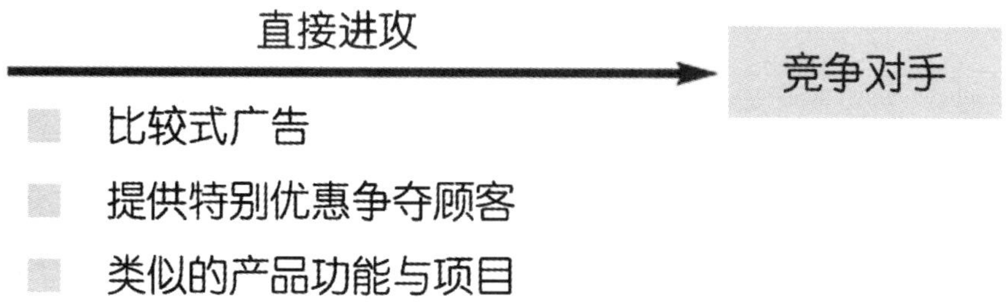

企业合气道最常使用的则是迂回包围的攻击策略：

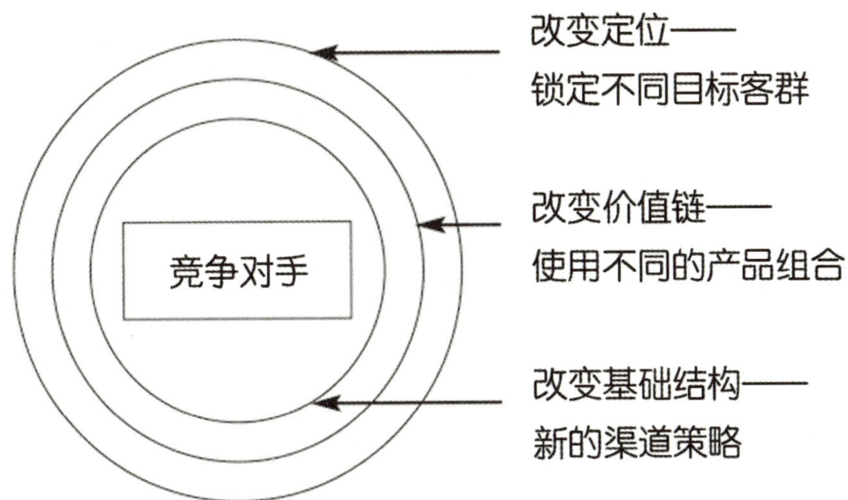

本田在进入美国摩托市场时所使用的策略就是企业合气道攻击法则的绝佳例证，这块市场在20世纪50年代主要是由哈雷、诺顿、凯旋以及宝马主宰。

本田采用的企业合气道型的迂回包围攻击方式如下：

◎锁定不同目标客群。有些人希望享受骑乘摩托的乐趣，但不喜欢被人联想到皮夹克和混混。

◎根据“骑本田的人最和气”这个主轴发展诉求策略。

◎在市场上推出轻型摩托。

上述动作带来的结果是市场成长。虽然哈雷的业绩依然稳定，市场占有率则在下降。事实上，哈雷根本懒得回应本田的策略，依旧坚守过去成功的路线。

本田并未对哈雷展开直接攻击，因为本田很清楚打这种仗极可能会失败。本田反而将摩托塑造成替代汽车的优质交通工具，用迂回包围来化解哈雷的力量。同时本田也在市中心设立经销商。

本田采取了平衡的攻击方式，结合了创新的营销组合（技术的基础结构）与长期的市场切入方式（心智与态度，或所谓的气）。

最后，本田的市场占有率快速增长，使得许多已经在市场上扎根的厂商不得不为了生存而缩小营业规模，或是根本就退出这块市场。

企业合气道同时也能让公司或其他组织采取防守动作：

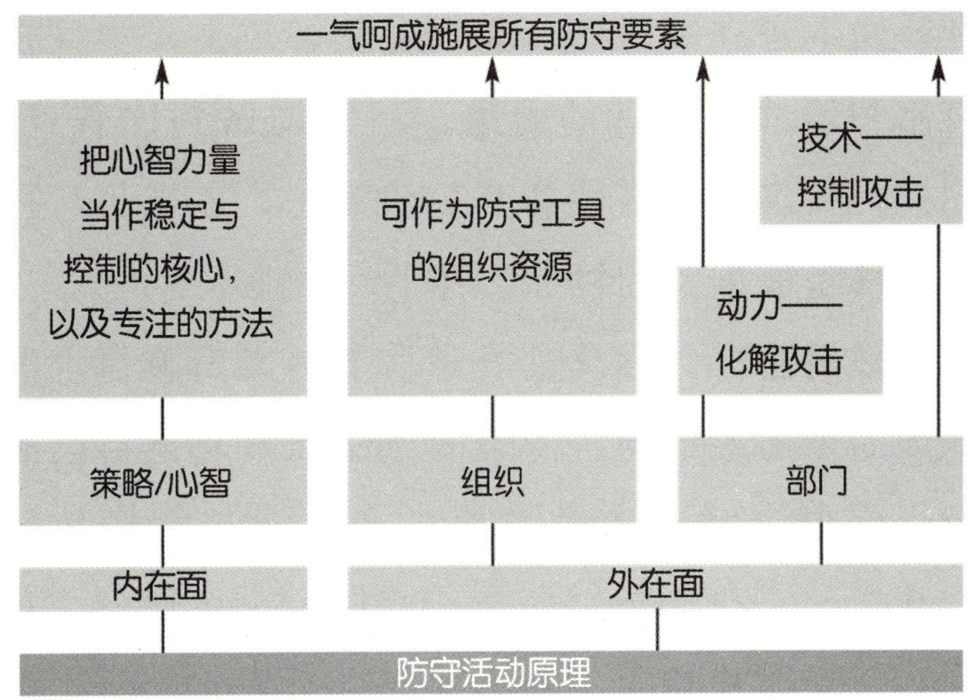

以合气道为导向的企业应对攻击的方法是，运用清楚而透彻的市场洞察力去评估竞争对手的发展及其策略目的。在这样的基础上，清楚的防守策略，也就是公司的文化与核心理念，就能够传达至全公司上下。

如前所述，平衡是最重要的。以合气道为导向的企业在防守时会确保资源、人力、基础结构等各项要素都符合策略。

合气道的精髓在于防守者必须去接近攻击者，而不是逃避退缩。如果要化解攻击，并且要控制和转移攻击者的力道，一定要做到这一点。同样，找出“策略性和解”的概念，在想法与行动上都是最重要的目标。

举例而言，假设竞争对手试图推出破盘价的新产品来切入市场，传统的方法通常是把自己的成本降低到相近水准，并且推出能与之匹敌的产品。

合气道型的防守策略则可能会去研发价格更高的高端产品，如此可将价位区隔明显拉开，使市场上的低端产品被认为是次级品。

如果防守的企业能够通过营销操作、修正价值链等类似活动来强化市场对于自家产品的看法，就能做到稳健、长期的防守行动。而企业之所以能有效完成上述活动，就是因为企业对于相关的价值链具备深刻认识。

虽然企业合气道型的防守，最终看起来似乎是用一气呵成的方式做完，不过在实际上，早在攻击未发生之前，一直到防守行动施展出来之后，会经过3个不同阶段：

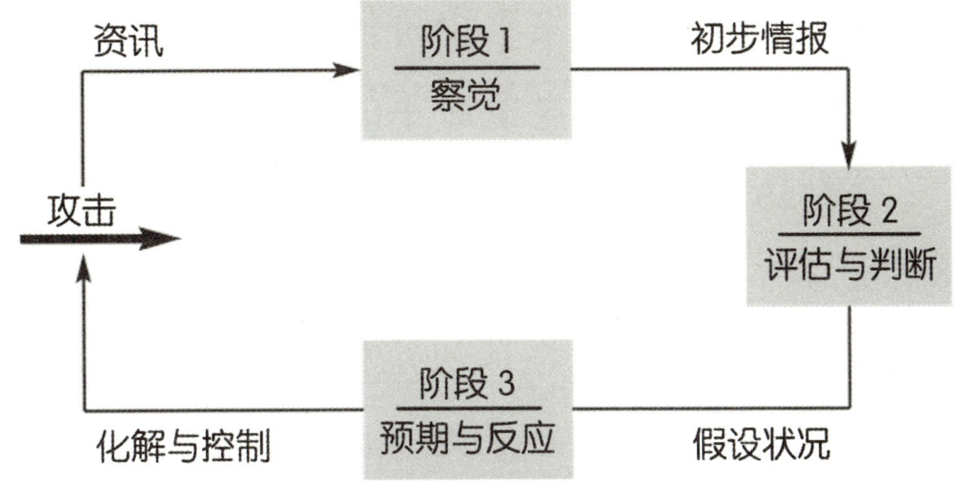

以下依序说明各阶段：

（1）在察觉阶段，经理人会竭尽所能正确解读自己接收到的资讯。获取资讯的速度以及资讯的正确性，皆是此阶段中关键性的因素。

（2）在评估与判断阶段，必须做出沉稳而精确的判断。企业合气道型经理人在面对未经处理的资讯时，要运用感性和理性加以过滤，才能将原始资讯转化成更有价值的情报。

（3）到了预期与反应阶段，应该会开始形成许多可能的假设状况。要评估假设状况的影响，可以根据以下几点：

◎能够促成多大幅度的正面成长。

◎能够为顾客带来多少价值。

◎能够化解多少竞争对手的攻击力道。

在经历这3个阶段之后，合气道型企业便能找出反应方式，方式要具体、确切符合核心价值观，最好还能对结果造成决定性影响。

最理想的情况是，上述3个阶段应该能够尽快完成，事实上，反应时间要比竞争对手预期的还要快，即使是竞争对手先出招的。

有效运用企业合气道原则的背后有一股驱动力，那就是确切了解人类的行为，也就是人为什么会出现某种行为，以及为什么会采取特定行动。

企业合气道认为，行为往往是受到不同因素共同影响而产生的，例如：

◎相关人员的过去经验。

◎个人对于眼前相关问题的看法。

◎企业的文化与心态。

◎所具备的背景知识。

◎管理层的个性与喜好。

◎习惯未雨绸缪还是临时抱佛脚。

如前所述，运用企业合气道来求取平衡发展是相当重要的。如果经理人把重心过度聚焦在人事上，最后将导致企业因人设事，而不是因事置人。企业合气道能带来全面的框架，让企业的使命、策略与组织架构能协调一致。

想要实现用合气道有效控制竞争的目标，确实察觉竞争态势以及对方所采取的竞争手法就相当重要。要打市场上的战役，就要从思考开始。越是能清楚思考并进而察觉实际情势，结果就会越理想。

企业合气道在察觉情势时，会运用如下两种观念：

◎集中——求取策略与沟通的平衡。

◎协调——调度资源。

这个概念具备了主体层面与客体层面：

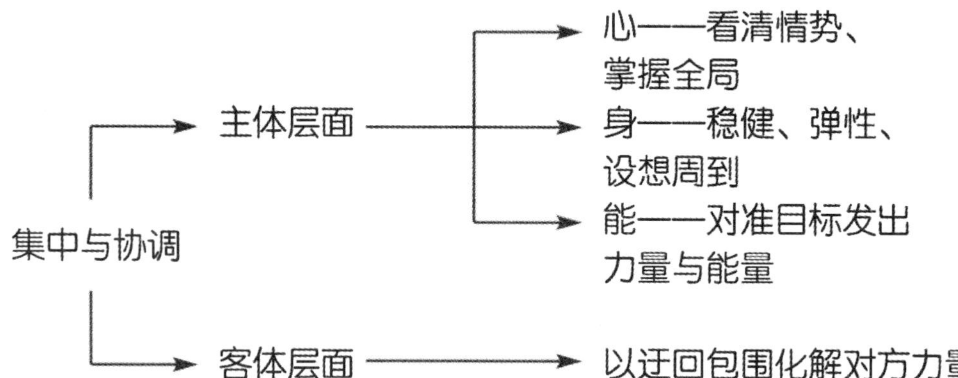

要形成主体要件，企业必须看清情势，还要能通观全局。此外，企业也必须保持弹性，而且在必要时要能快速、有效地应对状况。

客体要件能够为企业提供应对策略，应对方式不是去摧毁攻击者，而是以迂回包围化解对手的力量，让对手的力量无用武之地。

关键思维

气是一种远古的法则，源自东亚哲学与宗教。气的实际表现形式因人而异，要视每个人的

态度、参考架构、抱负、历练与背景而定。

——罗伯特·皮诺

企业合气道的目标是要去体验和感受气，也就是企业和人的内在力量。

——罗伯特·皮诺

四　道＝“途径”或“方法”

运用企业合气道时，只要信赖自己公司的内在力量，并且相信成长和成功会水到渠成，就可以看出前方的路。实际上，经理人必须同时扮演学生与老师的角色。经验终究是最有效的老师。

就企业合气道的角度来说，“道”代表了：

◎在策略与实行间达到平衡。

◎善用核心价值观。

◎化解竞争对手的攻击以掌控竞争态势。

毕竟，企业合气道并非要去胜过竞争对手，而是要战胜自己。不断追求的最终目标就是要持续进步。

在过去，经理人特别关注自己产品或服务的价格。企业合气道认为，比较有效用的心态应该是将心力放在整体价值链上，借以创造使用者价

值，也就是对顾客来说有具体的经济优势。

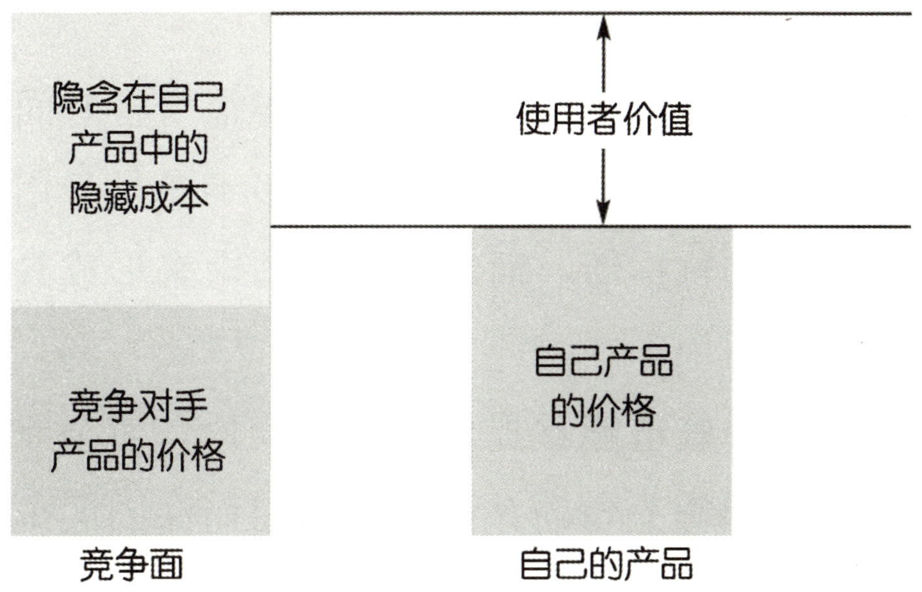

掌握了价值链，就能持续为使用者创造更多价值，因此即使定价高过竞争对手的产品，产品一样可以保有竞争力。

企业合气道提供了几种独特的方法，供经理人检视使用者价值，包括：

◎重新界定消费者用来和市场上商品比价的参考架构。

◎与其他服务提供者合作，进一步降低整体的拥有成本。

◎将某些服务外包，借以调整价值链的基础结构。

不断有研究指出，经理人其实很少将时间用在策略性思考上。大多数经理人多半满足于用过去的绩效进行推断，而非对公司的未来形成具体的愿景。

企业合气道能够提供绝佳的架构，使企业得以在这个架构上勾勒并提炼出全面而深入的未来愿景，在这个方面，企业合气道是特别有帮助的。这样能让企业成为创始者，而不是模仿者，也就是能够把握先机，而不只是被动地回应其他企业的竞争动作。

企业只要具备完善的策略思考流程，就能回答以下几个关键问题：

◎在未来10到15年间，公司服务的市场会变成什么样子？

◎在未来10到15年间，公司将会用什么方式来服务这块市场？

◎在今日，公司能采取哪些做法来促进必要的转变过程？

◎在今日，公司必须做出哪些决策，才能让核心价值观朝正确的方向演变？

◎在今日，公司必须做出哪些决策，才能促使公司朝之前选择的方向成长？

◎上述决策可能含有哪些风险？

◎外在事件会对公司已经规划的成长过程造成什么改变，公司又应该用心追踪哪些领先指标？

◎公司应当把哪些方面全力做到最好？

关键思维

良好的情报单位就像是企业的导航系统。毋庸置疑，光是完美的导航系统不足以引导飞机或船只从一个地点航向另一个地点，还必须要有机长或船长指引出企业前进的目的地。正确的坐标是不可或缺的。

企业如果能在产生需求的努力以及满足需求的综合效益之间创造出适当的平衡，就能成为影响市场上竞争对手的重要势力。只要在整个价值链中保持上述平衡，就能掌握这个价值链，并且建立起能够让企业进一步成长的基础架构。

——罗伯特·皮诺

就企业合气道来说，没有“胜过”竞争对手其实不是问题，真正的重点在于战胜自己。持续进步可以在策略与执行间、组织与成员间找到平衡与和谐，还可以带来宇宙的生命力，这是一种真正与众不同的能力。

——罗伯特·皮诺

我不入红海

Beating the Commodity Trap

How to Maximize Your Competitive Position
and Increase Your Pricing Power

原著作者简介

理查德·达韦尼（Richard A. D’Aveni），毕业于哥伦比亚大学及康奈尔大学，现为达特茅斯学院策略管理教授，被英国《泰晤士报》与美国有线电视新闻网CNN誉为全球最杰出的管理思想家之一，著有《超越竞争》等4部著作。

本文编译：林文祥

主要内容

超优势竞争

竞争局势瞬息万变的今天，企业想要历久不衰，已经不能依靠单一优势或大规模的长期策略。由于企业的优势会随着时间流逝而不断减弱，因此想通过长期计划延长竞争优势，其实是缓慢且缺乏效率的行为。所以企业应主动出击，通过一连串小规模、不怕遭人模仿的短暂创新，才能在市场上累积历久不衰的优势。

迈克尔·波特 1979 年在《哈佛商业评论》上发表竞争战略理论，自此奠定了在管理学界的领导地位，然而波特的竞争策略，是不断寻求延长竞争优势的方法。但作者达韦尼却认为，波特的策略以静态竞争为主要考虑，恐怕无法通过新时代动态环境的考验。现代企业处在动态环境之下，所面对的是更严酷的竞争，竞争压力升高，变革脚步加快，市场上也存在着高度不确定性，以致产品的生命周期大幅缩短，连带使产品的设计周期也跟着缩减。在这种竞争态势下，任何优势都只是暂时的。因此，策略必须不断变化，才能精确地回应对手，并预测对手未来的动作。

真正的长久性竞争优势，应该是指公司能够适应超竞争时代，并保持相对的优势地位。一味地维持现有的竞争策略，只会让企业忽略发展新竞争优势的重要性。旧式的思维是将竞争优势置于静态特定时间点下，包括成本与品质、时机与专业知识、进入障碍、雄厚资本等，但在迅速变化的环境中，策略须有动态目标才能奏效。超竞争时代的竞争态势可以说是瞬息万变，没有长久性竞争优势可言，企业如果要维持长久性竞争优势，必须先建构一系列能够适应动态环境的优势策略，然后从这些优势策略的交互作用中，维持公司的长久性竞争优势。

大众商品化的3大陷阱

你公司的研发团队绞尽脑汁、耗费巨资推出了新产品，然而享受新产品带来的喜悦才没多长时间，你就发现市面上已出现了许多功能相当、价格却更为诱人的类似产品。此时此刻的你除了握拳、咆哮，是否还有其他建设性的作为？

理查德·达韦尼就是要教大家在竞争激烈的市场中，避免短兵相接和恶性竞争的情况，跳脱被竞争对手死缠烂打的困境。大众商品化的3大陷阱，分别是市场退化、扩增现象和竞争加剧。新的低阶对手挟带低价优势进入市场，会造成市场退化；以各种不同产品组合与价格打乱市场，则是扩增现象；在新科技推波助澜下，各家公司在功能与技术上互不相让，导致了竞争加剧的情况。要避免自己的公司落入这3种陷阱，就必须有一套综观市场局势与价格战争的策略。对此理查德·达韦尼提出一个6步骤的解套方法，不仅能够避开并且摧毁陷阱，还可以让你的公司反过来善用这些陷阱，在未来有更大的发展。

战胜陷阱的6步骤就是：看清、找出、避开、摧毁、转化和重新选择。然而要注意的是，这套方法并不是发动一次便可一劳永逸的大绝招，而比较像是一套公司可以反复运用的心法秘籍。毕竟商场上的竞争如同运动场上的对决，对手并不会因为你的一时领先而停下脚步，或者站着不动被你超越或击倒。新的竞争对手会不断出现，公司也必须不断寻找新的竞争优势，才能持续地从陷阱中跳脱并获得长足发展。

战胜大众商品化的陷阱

当今的企业界，人人都面临高度的超竞争。“大众商品化”，也就是一项产品或服务，变得可以完全被其他业者的商品替代，这种情况到处都在发生。一旦你改善了商品的品质或其他特质，其他业者就立刻迎头赶上，而且价格通常还更低廉。因此你会陷入双重压力的夹击，一方面必须降低价格来保有竞争力，一方面你经营事业的成本又不断升高。大众商品化会使你无法提高商品的价格。

应对大众商品化的传统方式就是差异化，但是要不了多久，别人的商品也都会具备相同的附加特色。比较理想的方式，则是去了解业界正在浮现的大众商品化陷阱（其实有 3 种陷阱会反复出现），然后着手去找出并解决每一种陷阱造成的困难与挑战。事实上，发展出针对个别陷阱的经营策略，不仅能够避开并摧毁陷阱，还可以让公司反过来善用这些陷阱，在未来有更好的成长。

那么，如何才能战胜大众商品化的陷阱？有6个步骤：

1. 认清你面临的陷阱
2. 及早发现陷阱
3. 避开陷阱
4. 摧毁陷阱
5. 化陷阱为优势
6. 选择正确策略

一　陷阱 1：市场退化

1	认清你面临的陷阱	有新的低阶对手进入市场并取得优势地位，使得价格下跌，产品效益也下降
2	及早发现陷阱	避开低阶业者的市场力量——你可以向上升级、移到另一个市场利基，或者彻底另寻发展
3	避开陷阱	
4	摧毁陷阱	改造自己的供应链、提供比对手还低的价格，或重新定义价值，以削弱低阶业者的市场力量
5	化陷阱为优势	防堵低阶业者的市场力量，让它们只能守在低端市场
6	选择正确策略	管理你公司的市场力量，有效地降低或彻底避开低阶业者的冲击

当新的低阶竞争对手出现，并且开拓了强势的低价/低效益地位时，就会发生市场退化。这通常会造成低端市场的扩张，因为位于低价/低效益的市场地位也容易被吸收进来。沃尔玛的成长、美国汽车保险业者“政府雇员保险公司”的出现，以及美国西南航空和爱尔兰瑞安航空的成立与成长，就是属于这种情形。

以下为市场退化的警示信号：

◎出现居于主宰地位的低阶竞争者，提供你产品的精简版，严重打乱市场现状。

◎市场新进者拥有的经济规模优势，让你很难或者无法与它们在价格上抗衡。

◎顾客看过了它们的商品，就更不愿意在附加价值上花钱，例如更优质的服务或更佳的专业知识。

◎即使你降低价格并降低产品效益（这会使利润也降低），仍然会面临失去市场占有率的状况。

市场退化相当棘手，与这些新的对手短兵相接，你将难以获胜，因为你是在它们的优势上进行竞争。即使你尝试提供类似的商品，结果也只会造成市场更分裂，降低了产业整体的营收水准。

关键思维

企业要如何应对市场退化？当整个市场往低阶移动时，该怎么做？答案就在问题之中：当低阶业者取得市场力量时，它们的对手必须回避、削弱、防堵或控制低阶业者，以减小或对付强势低阶业者的市场力量。

——理查德·达韦尼

避开陷阱　回避低阶业者

当你发现自己正与强势的低阶业者对抗，而对方的财力又比你雄厚时，识时务者才是俊杰。可行之路大概有下列几种：

◎向上升级——把低阶市场让给低阶业者，就此放手。专注于发展值得花更多钱去买的优异产品，集中一切资源，去做一些按量生产的低阶业者不可能做的事情。为你的产品注入特色，让产品明显更优质，值得收取更高的价格。密切集中于高附加价值的市场地位，为顾客重新定义效益。意大利丝绸制造业者为了应对中国制造商的威胁，联手投资于新的丝绸制造技术，生产不会撕裂、刺激皮肤或沾染污渍的布料。同时，它们也在服务上加入了便利、创新与弹性。

◎跳脱直接竞争——通过改变渠道、时间或地点来实现。宝洁公司在推出新品牌的宠物饲料时，只经由宠物店销售，以避免与既有的品牌进行竞争。当美国西南航空公司开始在市场上大受欢迎之际，各大航空公司则集中力量在它们的国际航线上。高露洁则把在美国的牙膏市场让给宝洁，转而去维持海外市场的强势地位。

◎另寻发展——投注更多心力于发展其他市

场的产品。当亚洲制造商进入存储器芯片产业，英特尔便转而生产个人电脑的微处理器芯片，因此茁壮成长。当亚洲业者在20世纪初期进入微处理器市场时，英特尔则转向生产消费电子与数字医疗系统等应用的芯片。亚曼尼已经离开流行服饰业，转而设计饭店与餐厅，与其他业者合作生产消费电子产品、家具甚至直升机。亚曼尼积极投入开创所谓的“亚曼尼生活”。另一种方式，则是重新定义你的目标市场区隔，并且开发符合该市场区隔喜好的产品。

箭牌公司发现自身传统的口香糖品牌面临低价竞争，于是推出了新的无糖品牌，保证可以同时清新口气与洁白牙齿，也可以当成低卡路里的零食。这些新品牌稳健发展，而传统箭牌口香糖的销售则持续下降，因此箭牌公司于2005年投资4500万美元，在芝加哥成立了研究中心，协助公司开发更多新一代的产品。箭牌回避了竞争对手，积极为成长中的市场区隔开发新产品，这些区隔的成长已经逐渐超越箭牌的传统市场。另寻发展的这项决定，让箭牌更有前景。

摧毁陷阱　削弱低阶业者

应对低阶业者的出现，最让人满意、收获也最大的方式，莫过于去攻击它们。该怎么做？

◎看看能否改造你的供应链。让你即使提供比低阶业者更低的价格，仍然会有获利。试着简化你的产品设计，剔除不需要的功能，或是采取其他一切能够降低成本的方式。

◎重新定义顾客眼中的价值——以削弱低阶业者或与之抗衡。如果你是汽车制造商，不妨在市场上推出可回收汽车，顾客在使用3年后就可以和公司换车升级。或者你可以想出其他方式，以前所未有的低价提供更多价值。亚曼尼注意到低阶业者在模仿它们的设计时，便开始为制造商与零售商提供独家商品购买机会。这些抢先购买机会的销售业绩，如今占了亚曼尼营收的60％到70％，因为这增添了独享特权的概念。有些企业则以销售二手产品来应对低阶业者，高级时尚品牌近年来在发展二手服饰店方面，表现不俗。以汽车维修业来说，以前市场上只有两种选择：一是家庭经营的自营修车厂，一是拥有最新诊断工具与原厂培训技师的新车经销商。

近年来，专业的连锁修车厂兴起，通过自动化收取比自营业者更低的费用，同时提供更快交车、更专业的形象与更佳的服务。这个例子说明了低阶业者可以如何占得更有利的竞争地位。

◎改变顾客对于价格的认知。或许可以把重点放在整体拥有成本，而非初始购买价格上，因为产品、能源、融资、修护、停工时间等运营费用都相当可观。通用电气在火车头与大型涡轮机市场上战胜了许多低阶对手，所凭借的就是将整体生命周期的成本降到比对手还低。或者，企业也可以提供免费产品，然后靠使用费或配件产品来赚钱。Adobe 免费提供 Acrobat

Reader 软件，这样消费者就会付费购买制作 Acrobat 文件的软件。另外有些顾问公司等业者，已经开始依照它们为客户达成的绩效改善来收费，而非收取以时间计费的咨询费。好市多等零售商会收取会员费，但维持低廉的产品价格。电信与航空业者都以复杂的资费方案出名，让人很难在不同公司之间做比较。

关键思维

任何东西都会随着时间而大众化。优势与差异点会因为竞争而消退；钻石的切面磨损之后，剩下的就是一块玻璃。模仿容易，创新难。

——史蒂夫·海耶

对全世界的企业而言，大众商品化是个丑恶的字眼，而且通常是个丑恶的事实。任何东西最后都会变成大众商品。

——理查德·达韦尼

面临市场退化的陷阱，最明智的做法就是将其转变成你公司的优势。实际上又该怎么做呢？

◎防堵低阶业者——在其周围建立起定位。塔吉特百货应对沃尔玛百货的方式，是在价格之外强调设计与风格。好市多和 BJ's 以收取会员费的方式，持续提供比沃尔玛价格更低的量贩产品。Krogers 连锁超市提供更低廉的产品与提升顾客服务，防止沃尔玛百货扩张进入超市业。对手的各种动作，让沃尔玛难以打进新的市场。同样，当微软公司的操作系统免费搭配防火墙与防毒软件，其竞争对手就难以在价格上与之抗衡。它们反而必须提供更快的、更新的、更好的客户服务去参与竞争。这些努力都有效将微软限制在整体市场当中的一角。

◎控制低阶业者——将顾客移往更高级的价值主张。你可以将产品移往高级市场，然后想办法方便顾客与你一起迁移。吉列牌刮胡刀就是很值得关注的实例。20 世纪 70 年代，BIC 公司在市场上推出了抛弃式刮胡刀，吉列牌一开始也推出自己的抛弃式刮胡刀来应对，之后则以具吸引力的价格及效益定位，推出了感应刮胡系统。此后吉列牌便不断把标准拉高，推出新的锋速 3 与锋隐等款式的刮胡刀，而这种种创新都提高了刮胡的平滑、安全等标准。结果 BIC 在市场上的地位，就变得更受限制。

总之，要将潜在的大众商品化陷阱变为优势，可以归结成一项关键的决定：“要战，还是要逃?”如果你审视自己拥有的资源，并和竞争对手加以比较，就能从实际的角度来权衡情势。如果你们旗鼓相当或是你占上风，就应该要战。如果你拼不过对方，或许就该转移到更新、更大的市场。或者，你也可以考虑把事业卖给更能和低阶业者一争高下的人。

关键思维

一旦企业陷入大众商品化的陷阱，差异化很少能让企业逃脱。的确，企业会陷入陷阱，多半是因为它们未能及早去创新，或者是因为它们之后采取差异化并且过度降价，最后导致越陷越深。

——理查德·达韦尼

二 陷阱2：扩增现象

1	认清你面临的陷阱	随着各竞争对手在市场上提供不同的新组合，价格会上扬或下降，效益也往各种不同的方向发展
2	及早发现陷阱	谨慎挑选竞争的战场，缩小你要应对的战线或威胁，而不是让力量过度分散
3	避开陷阱	
4	摧毁陷阱	将资源集中于最有用之处，击垮你所面临的威胁
5	化陷阱为优势	结合主要与次要效益，推出多样化的新组合，包抄各种威胁
6	选择正确策略	管理所面临的威胁，才能够节省资源，否则全部心力都会用来对抗多条战线

扩增现象，就是出现了许多提供不同价格及效益定位的新产品，而侵蚀一项产品的价值主张。这些新产品锁定客群中的一小块利基，造成整体市场分成多个区隔。与此同时，如果企业为了服务这些区隔而积极竞争，也可能出现新的运营模式。

扩增现象最明显的征兆有：

◎因为新产品与版本的推出，使你的市场分出越来越多的区隔，导致产品互相重叠。

◎新商品锁定狭小的市场利基，你的价值主张因而遭受攻击。

◎因为公司受到多方面的竞争，但是你缺乏资源去全面应对各方的入侵，这使你饱受挫折。

◎当你陷入四面楚歌之际，你会发现自己不断面临降价的压力，只是为了保住既有的顾客。

扩增现象陷阱的一个好例证，就是美国西尔斯百货。西尔斯几乎可以说是百货零售业的代名词，而且主宰这个领域将近一个世纪。然而到了

20世纪90年代中期，西尔斯面临着不同区隔百货业者的挑战，例如在高端市场有联邦百货，低价区隔有沃尔玛百货、Kmart等会员制量贩店；五金与家居装修市场有家得宝与劳氏等专业零售商，而邮购业中则有Lands' End等专业零售商以及后来的网络零售业者。西尔斯的应对方式是，把主张低价的市场让给低阶业者、放弃邮购业务、出售独立运作的连锁店，以及重新定位自己位于大型购物中心的百货公司，但是一切为时已晚。最后西尔斯还是结束经营，被Kmart百货并购。

关键思维

讽刺的是，极度差异化反而会造成大众商品化。如果许多公司生产了开始彼此重叠的产品，就会威胁到彼此产品的独特性。结果它们必须降价以保有市场占有率，或者让出市场占有率以稳住价格，这就是扩增现象陷阱。扩增现象陷阱的主要解决方案就是威胁管理，企业可以慎选战场

来避免威胁；可以找出市场力量的真空带与空缺，去包抄扩增的对手，或者也可以排除、吓跑、吞没、压垮对手，或是比扩增对手更加扩充，来击垮它们。

——理查德·达韦尼

避开陷阱　选择你的战场

你的资源不足以随时去对抗每一个进入市场的对手，如果试图这么做，就会被四处牵制，变得过度分散而一事无成。你必须想清楚自己最擅长的方面，也就是你已经具备的核心竞争力，并且依此决定哪些威胁必须加以处理，哪些则不必。缩小战场，全力备战。

那么该如何选择？这并没有一定的法则，不过一般而言，大多数企业会综合考虑下列因素，去选择它们想打的仗：

◎对手反击能力最小的方面——最好是因为其他人都清楚这是你占尽优势的地方。

◎察觉到市场中有获利潜力，或是新兴成长的区隔——因为你参与市场，能够看出在不久的将来会强劲成长的利基。

美国假日酒店从惨痛的教训中，学到了精明挑选战场的重要性。到了20世纪70年代中期，有超过1400家假日酒店坐落于美国州际公路沿线，提供廉价、标准化的家庭住宿。每家假日酒店的地点都经过谨慎挑选，酒店与酒店距离在一日车程之内，提供给旅客可靠干净的客房、空调、游泳池与亲切的服务。因此，假日酒店成为美国高速公路不可或缺的一部分。不久之后，Motel 6与Quality Inn从低端市场发动攻击，提供品质相当不错的房间，但是服务较少，收费也低很多。与此同时，高级连锁酒店兴起，以较高的收费提供更多功能。假日酒店以放弃品质较差的设施、提升服务等方式，尝试移往较高级的市场。假日酒店所做的一切，又是另一个为时已晚的案例。假日酒店因过度投资于现有的房地产而受到牵制，并且反应太慢，因此被更敏捷的竞争对手打败。1988 年，假日酒店被出售给英国的巴斯股份有限公司。巴斯公司日后将旗下旅馆事业单独分出来成立了洲际酒店集团。洲际集团进而建构了完整的酒店产品线，得以在各个市场区隔进行竞争，而假日酒店则稳固定位在中阶市场，但是假日酒店再未重拾曾经拥有的市场领导地位。

摧毁陷阱 | 击垮威胁

如果扩增对手的竞争威胁无法被化解，或是无法通过包抄去加以避免，就该以其人之道还治其人之身，你必须努力去击垮威胁。该怎么做?

◎要集中资源，而不是要分散资源。在市场上找到单一定位，运用你的资源去捍卫这个地位，对抗所有进入市场的对手。采取各种做法为你已经在服务的顾客创造价值。市场新进者会希望市场到哪里都一样，然而你对市场更了解。集中一切力量，在你已经表现得很好的方面继续

精进。

◎建立“狼群”——把你的大公司拆成能更敏捷行动的小单位。以其人之道还治其人之身，让每个独立单位，都能快速又灵活地应对不同的扩增对手。

◎努力建立临界量——通过并购，组成涵盖市场所有区隔的完整商品组合。建立了完整与多样化的商品组合之后，就能够满足顾客在需求上的改变，适应市场新进者的定位，并且以不同的市场区隔彼此补贴，来对抗扩增对手。

◎选择你的迎战时机——以配合你的资源。微软公司在早期采取一步步的策略，在挑战者发展出潜在的杀手锏应用之前，就将它们打败。微软从 MS-DOS 转移到图像式用户接口（视窗），以限制苹果公司的发展。然后它们开始发展文字处理软件，在 WordPerfect 有时间把操作系统加入商品中之前，就将其消灭。微软开发自己的试算表软件，去克服 Lotus 的威胁，后

来合并成办公套件。之后微软又将浏览器和操作系统搭售，打消其他人在这个市场利基竞争的念头。这些行动都是一步步发生，而非同时进行的。

◎吓阻特定的威胁——在特定的时间里，与潜在对手结盟，或是释放出“幽灵产品”的详细资讯。所谓幽灵产品就是停留在原型阶段的产品，从没有人购买，也从未真正生产，但是你的对手知道，有必要时就可以开始生产。在软件业，公布但从未真正上市的产品，称为“雾件”。顾客会等着看你将推出什么产品，而不愿去买竞争对手的产品。这是暂时吓阻威胁的有效方法。

◎让你的品牌开始行动——不论是实际的品牌，还是用来攻击特定对手的“战斗品牌”。20世纪80年代晚期，普瑞纳公司推出名为Graaavy的新狗粮品牌，来应对桂格公司的Gravy Train。普瑞纳提出的品牌名称，与对手的品牌名称相当类似，让消费者混淆。普瑞纳同时扬言要把Graaavy狗粮的价格，定得比桂格的品牌低许多。桂格感受到强烈敌意，就没有在狗粮市场这个区隔继续扩展。

关键思维

商场上，如果你一直跑，竞争就会追过来咬你；如果你站着不动，它们就会把你吞掉。

——威廉·努森

化陷阱为优势 **包抄你的威胁**

如果你投入自己的创造性扩展，就有机会把扩展的威胁转成自己的优势。要怎么做到？

◎填补市场的空缺——在完全未被开发的空缺中，以合理的价位，推出新的价格及效益组合。更深刻认识你提供的主要效益，并想出一些新的组合。在竞争对手还不知道有这个利基存在的时候，先在市场的另一部分提供新的顾客体验。建立完整的品牌组合，涵盖市场上所有的区隔。

◎创造新的顾客区隔——在合理的价格/效益线的上下。实际上来说，创造新的顾客区隔，指的就是想出不同的次要效益，用来锁定特定的客群。拉斯维加斯是美国唯一合法的赌博地点，但是它不断面临来自河船赌场、彩票、大西洋城、赌博网站，以及欧洲与亚洲高级国际赌城的威胁。为了创造新的顾客区隔，拉斯维加斯已经超越纯粹的赌博事业，增加了周末娱乐选择、家庭假期体验、豪赌场所，以及成人娱乐等。这些次要的功能，都是建立在赌博本身具有的风险与致富机会之上。拉斯维加斯不是吸引想要赌博的人，而是吸引更宽广的客群。

◎重新改造产品或服务——把过去当作一片空白，从头改造你的产品或服务。药厂就是这么做，把原本向医生推销的做法，改为向保险公司、连锁药店，以及直接向终端顾客推销。其中每个客群各有不同的优先考虑，医生想要在治疗病患的同时还能避免诉讼；保险公司想要降低它们未来的成本；连锁药店想要大批折扣以及即时的物流，而病患则会不计代价地要求治好他们的病。药厂提供了主要效益，同时也强调适合各个客群的次要效益，借此创造了新的顾客区隔。这种重新划分市场的方法，在任何地方几乎都可以运用。

◎拟定威胁管理的策略——该如何应对任何一种未来可以想见的扩展威胁。制订应对各种威胁的应变计划，不论这些威胁未来有没有发生。做好合理规划，以便将资源用在最有需要的地方。现在就决定要怎么做，以避免过度扩张。思考市场的空缺，以及以在你已经提供的主要效益上加上次要效益的方式，来创造新的顾客区隔并加以服务。

关键思维

知可以战与不可以战者胜。

——《孙子兵法·谋攻篇》

千万不能太常与同一敌人缠斗，否则对方会摸清你的战法。

——拿破仑

三　陷阱3：竞争加剧

	步骤	说明
1	认清你面临的陷阱	市场出现新科技，使价格持续下降，而顾客效益却一直不断上升
2	及早发现陷阱	采取真正有动力的行动，或是更擅于转型，让公司再度取回市场动能
3	避开陷阱	
4	摧毁陷阱	将所有人冻结在目前的定位，或者积极提高自己产业的标准，以扭转动能
5	化陷阱为优势	让顾客更觉得物超所值，进一步增强你的竞争优势，以运用这股动能
6	选择正确策略	管理并且控制产品在价格及效益的市场版图中，移往低价格及高效益的方向

企业陷入某种你来我往的竞争时，就会发生竞争加剧。大家都拼命想要超越彼此，却忽略了一点，其实没有人真正获利。这个陷阱就是没有人要先退让，因此顾客付钱可以获得的就越来越多。

以下是竞争加剧陷阱的警示信号：

◎感觉自己好像陷入了与竞争对手的军备竞赛，不断增加功能和效益，同时又降低价格，为的只是互相压制势头。

◎你的营业额上升，而获利率却在下降。

◎你发现昨日的主要效益，如今已经被视为当然，只不过是基本配备而已。

◎你的顾客开始了解到这种状况，而且不断要求更加物超所值。

个人计算机业就是竞争加剧陷阱的绝佳实例。在 2000 年的时候，戴尔把电脑直接卖给消费者的运营模式取得很大优势，使其他所有竞争对手，包括惠普与 IBM 都被卷进竞争加剧的战争，价格下跌到超低的程度。惠普以并购康柏的方式应对，然后开始将产品彻底差异化。IBM 则把个人计算机事业卖给中国制造商联想电脑，然后专注于高级的电脑产品与服务。一时之间，戴尔在与其他制造商的竞争上，同时面临了低端市场（联想）与高端市场（惠普）的攻击。

避开陷阱　重新取回动能

对任何企业而言，避开竞争加剧陷阱最有效的方式，就是重新取回市场动能。该怎么做？

◎采取真正有动力的行动——超越任何企图赶上的人。成功的行动，会让市场专注于完全不同的主要效益。苹果公司将音乐导向的 iPod 转变为 iPhone，就是成功做到了这点。通用电气的做法是从制造涡轮机变成服务提供者。在 20 世纪 90 年代，小型汽车的最大卖点与主要效益，从底盘改变成为可靠度与安全性。每一个产业都有自己改变的节奏，要重新取回动能，你必须重新界定顾客愿意花钱购买什么主要效益。加油站

从20世纪60年代的专人服务，演变成20世纪70年代的自助式、20世纪80年代的便利商店、20世纪90年代的休息站，以及21世纪的全方位服务便利商店，说不定将来会演变成替代燃料中心。你转移主要效益时，就会强迫落后者去想办法跟上，这时竞争的基础就变成加入新效益，而非开创新的利基。任何无法跟上变化的人，就会被淘汰或者被他人并购。

◎要更擅长转型，这样才能平稳快速地移往可能受到高度重视的新主要效益。要为转型做准备，你的组织必须擅长下列4件事：

- 采取必要的运营做法以提供目前的效益。
- 为新一代产品做好准备。
- 规划与研究市场中的变化。
- 展望未来的发展。

要重新取回动能，不仅需要把上述4件事全部做好，还必须同时做到。只有在每一件事上都准备好人员、预算与设备，才有可能达成。

你必须准备去调动组织内一些部门的人员，加以重新培训，然后让他们努力建立起组织其他部门必备的能力与竞争力。在你拆组公司的时候，要成功让产品完成新旧交替，这确实是一门高难度的艺术。

关键思维

企业要重新取回动能，面临的一项挑战就是去估计何时达成最终的价值点，也就是在几乎没有机会再拉低价位、增进主要效益，或是扩张市场的时候。这时就必须放弃前一个主要效益的优势，以重新取回动能，或者采取减缓或扭转形势的策略。因此，密切注意价格及效益的平衡，以了解和预测主要效益的变动，是很重要的事。在管理转变的步调时，企业的脚步必须够快，以领先群伦，但也不能太快，以避免因为太早行动而丧失利润。要有效掌握转变的时机，必须具备许多能力，包括以竞争情报与营销技巧尽可能延长

当前的主要效益，以及根据新的主要效益，快速推出产品，并且降低推出产品的风险。

——理查德·达韦尼

摧毁陷阱 扭转形势

重新取回动能，是避开竞争加剧陷阱的一个方式，但是还有其他的方法。你可以试着去减缓甚至扭转动能，借此让产业恢复平衡，这么做还能避免价格继续下滑。如果无法取得突破性创新，或者市场对价格或效益并不特别敏感，这种方式是有利的。该如何扭转竞争加剧？

◎把其他公司冻结在目前的市场定位——让竞争对手主宰一些与你竞争不激烈的利基。你也可以从竞争对手处取得技术授权，或者向它们购买一些大众商品来显示你的意图。过去很多时候，通用公司都会公开价目表，以鼓励市场上其他公司跟进。用长期合约绑住顾客，也可以确保市场占有率和价格能维持在一定的水准。

◎提高标准——让原本是附加项目的昂贵功能，变成基本配备的一部分，以提升整体产业的标准。跑车业就是很好的例子，买跑车的人最重视的效益就是性能，他们会为了先进的性能而付出高价。加入防锁死刹车系统与其他安全配备当然很好，但是这些动作竞争对手很容易就能跟上。明智的跑车制造商将大部分研发心力投入到提升性能上，因为这才是市场所重视的。

化陷阱为优势　善用优势的力量

竞争加剧可以用来带动进而控制产业。ITT公司就是个很好的例子，该公司属于高科技业，专门制造与销售军用夜视镜。

关键思维

我们以一半的价格，提供了只有一半的重量、大小，以及上千倍的放大率，因此引起了需求剧增，让夜视镜成为美军的标准配备。当我们

进一步创新并善用经济规模时，我们便能够提供更低廉的价格，而且还可以增长营业利润。

——史蒂夫·罗伦杰，ITT公司CEO

这就是所谓商业良性循环的极佳例证，当价格下降，市场的规模就会扩大，夜视镜科技从特殊部队的配备，变成每一名美国大兵的标准配备。这使得企业可以制造更高品质的产品，并以更低的价格出售。如果你能够在被迫降价之前就先降低自己的成本，竞争加剧就会对你有利。它还能迫使你的竞争对手在规模扩大及能够降低价格之前，就先把价格降下来。

当然，这么做的效果也有其限制。当每一名士兵都具有夜视科技之后，ITT就必须将一些次要效益整合进去，才能重新开启价格/效益线，比方说夜视镜系统可以与卫星导航、地图和通讯系统整合，这样士兵就有抬头显示器可以了解战场状况，借此分辨敌我，而ITT就能够因为这些附加功能，开始提高系统的价格。

苹果公司就是有效运用市场动能的好例子，就以苹果公司的 iPod 数字音乐播放器为例：

◎2002 年 7 月，苹果公司推出了 5G 和 10G 版的 iPod，提供播放清单与数字音乐库。

◎2003 年 7 月，苹果公司降低 iPod 的价格，并且延伸了产品线，同时推出提供可以用 iPod 合法下载歌曲的 iTunes 音乐商店。

◎2004 年 1 月，苹果公司降低每 G 的价格，以应对索尼、戴尔与创新科技的低阶数字音乐播放器。苹果推出 4G 的 iPod Mini，沿袭 iPod 的时髦设计特色，还推出了 iPod Photo。

◎2005 年 2 月，苹果公司推出 Shuffle 机型，阻挡低成本模仿者进入市场。苹果同时推出超薄的 Nano 机型，从而让公司从市场的低端到高端有了完整的 iPod 产品线。

每一代 iPod 不断提供给顾客越来越多的价值，使苹果公司不仅得以增进自己产品的酷炫程度，也让竞争对手难以并驾齐驱。每次竞争对手要跟上时，苹果公司就加强竞争力，加速自己的创新。苹果公司如今持续将无线上网、全功能网络浏览器，以及语音电话等功能加入iPod系列产品，使其蜕变成iPhone以及彩色显示器的游戏机。

当你善用了市场动能，就像ITT与苹果公司的做法一样，就能强化你的市场领导地位。你会迫使其他想与你竞争的业者在成本降低之前就降价，而不是颠倒过来。要做到这一点，必须具备3项条件：

◎创新——必须有能力赶在竞争对手之前，发展出最新的装置。

◎市场力量——这样才能在任何对你有利的时刻去减缓、冻结或扭转动能。市场力量的条件包括为数不多的竞争对手、高度的进入门槛，以及有能力在必要时减产，创造人为短缺以抬高价格。

◎丰富的市场知识——了解消费者对于产品

的主要效益与次要效益如何评价。

关键思维

管理动能在超竞争的市场中要比在稳定的环境中更为重要。当模仿容易、科技变化快速，或者顾客需求与优先考虑经常转变时，竞争加剧的陷阱就会经常发生。可以想见，企业会试图找出新的主要效益来取代旧有效益，以逃脱陷阱，因而无止境地一再启动差异化与竞争加剧的循环。新的主要效益可以成为产品在市场上的关键差异点，原因在于：

它在过去是次要效益，但是现在因为竞争淡化了之前的主要效益，使新效益成了顾客的第一优先考虑；或者，它是过去市场上没有提供的新效益，但是因为顾客喜好的改变而突然受到重视；又或者，一些公司发展出量产能力，让大众买得起。

这个循环似乎永无止境，不论你选择何种动

力策略，到最后总是会因为科技改变、破坏性的竞争对手与市场新进者，或者顾客需求的转变，而使竞争加剧再度开始。战场绝不会永远被某一方攻占，只会转移。

——理查德·达韦尼

四　持续找到最佳的竞争地位

未来，在掉进大众商品化的陷阱之前及早发现，并且采取预防措施，是非常重要的。同时，对准备把握当下的人而言，了解到大众商品化除了威胁之外也带来了机会，也是很重要的，凡事有弊必有利。要应对大众商品化的陷阱，并善用它们打开的机会之窗，有一项不可或缺的要素，就是要有前瞻的能力，可以预见市场将如何发展，依此占得有利的地位。

想要持续找到最佳的竞争地位，并且尽可能避免大众商品化的陷阱，必须要懂得分析产业的价格及效益。周全的价格及效益分析可以：

◎找出对他人而言并不清楚明确的新兴机会。

◎帮助你根据竞争对手的行动轨迹，了解他

们的企图，以及它们未来可能采取的行动。

◎让你预期市场进行重大改变的成熟时机。

◎让你避开即将来临的大众商品化陷阱，或者化陷阱为优势。

价格及效益分析不一定要复杂才有用，只要把所有竞争对手都包括在内，将市场最新的发展制成图表：

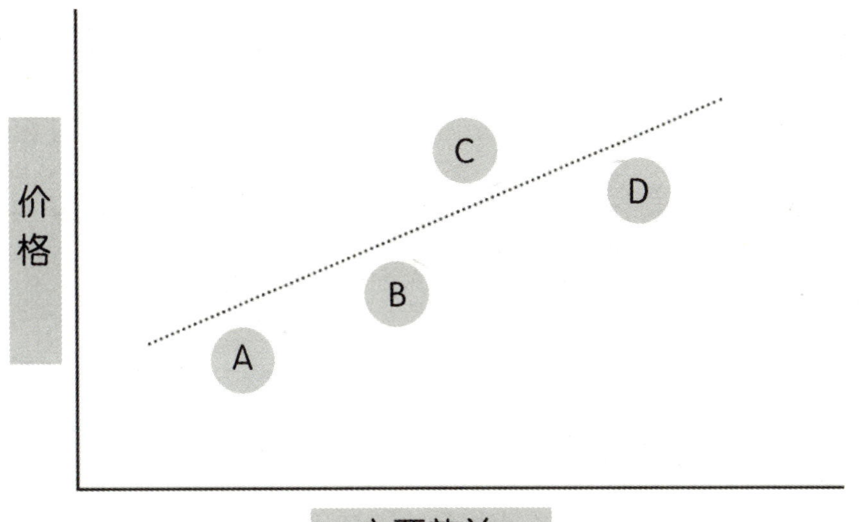

你可以把业界的企业，或者是市场上的各种产品，画成这样的价格及效益图。然后可以放上你预估的价格线（虚线），作为各个对手或相关产品的比较基准。每个圆圈的大小（A、B、C

或D)，就代表各项产品的市场占有率，或是各家公司的规模。

价格及效益分析的一大用途，就是可以找出在顾客的眼里，何种价值主张是最有价值的。然后你就能集中自己的研发经费，努力开发顾客愿意花更多钱购买的商品，不只是今日而已，未来也要如此。找出市场的“甜蜜点”，就能如加拿大冰球名将格雷茨基所言“滑到冰球未来的位置”，而不会因为现状分散了注意力。换句话说，你甚至能在竞争对手还没搞清楚状况之前，就做好万全准备，让顾客享受到超值商品。

太多企业推出雷同的产品，而非更优质、具有差异化的新产品。这其实很可惜，因为经验显示，具备真实顾客效益的优质产品，成功率与市场占有率是跟进产品的5倍。如果你能利用价格及效益图去找到独特的市场定位，然后发展出密切锁定这些定位的商品，就会拥有顾客愿意付出更高价购买的产品和服务，这显然是好事一件。

价格及效益分析的练习，也会迫使你从顾客的角度去看待你的产品线。它会使顾客不同的需求与优先考虑浮现，迫使你去了解他们的优先考虑，以及他们对你提供的不同功能有何评价。这种种分析，以及学习为顾客设身处地地着想，会让你的直觉更敏锐，使你更能准确预期未来的发展。

关键思维

大众商品化是一场疾速变迁的竞赛，有时候几乎没时间做详细分析。根据情报得来的印象资料，或是根据为期仅仅数周的严谨研究，都可以很快勾勒出价格及效益图。不论是根据哪一种方式，价格及效益图都能以图像说明竞争对手目前的地位，以及它们将如何随时间流逝而发生改变。然而只有借助产业知识、竞争对手分析，以及有资讯根据的推测，才能从任何有事实根据的分析中获得正确的解答。因此，要判断情势、预期市场走向以及领先对手，一定要做价格及效益分析，还要具备管理直觉和与时俱进的经验。

——理查德·达韦尼

事实上，大众商品化不会很快就消失。务实的经理人懂得与之共存，明智的经理人会将它化为自己的优势，他们会设法分析与预期市场态势，以便找出可以善用的机会之窗。不仅可以在大众商品化之下生存，还可以借此茁壮成长。总之，运用价格及效益分析以及良好的管理判断，去预期不同的大众商品化陷阱和它们所产生的机会，就能让经理人永远领先一步。换句话说，你可以避免成为作家奥斯卡·王尔德所形容的极端愤世嫉俗者："知道一切东西的价格，却不了解任何一样东西的价值。"也可以避免变成滥情者："能看出一切事物的荒谬价值，却不知道任何一样东西的市场价格。"毕竟，这一切都操之在你。是要预期陷阱、避开陷阱、摧毁陷阱、再化陷阱为你的优势，还是要被陷阱困住，都看你自己。

世界就是你的办公室

启动远程工作的成功心法与做法

Remote

Office Not Required

原著作者简介

贾森·弗里德（Jason Fried），37signals软件公司共同创始人兼总裁，Inc.杂志专栏作者。他强烈提倡“企业优雅”，也就是利用功能极简的网络工具完成酷炫事物。与戴维·汉森合著《重来》与《把握现实》。毕业于美国亚利桑那大学。

戴维·汉森（David Hansson），37signals合伙人。Ruby on Rails程序框架（Twitter、Hulu、Yellow Pages以及其他数千个网络应用程序共同使用的架构软件）发明人。原本从事游戏与软件开发。毕业于瑞典哥本哈根商学院。

本文编译：许恬宁

主要内容

远程工作正流行，谁还需要办公室

数百万工作者和数以千计的企业，都已经发现远程工作的乐趣与好处。现在是时候让员工采取更合理、更有效的工作方式，而不是继续集中在办公室。

传统思维认为应当提供给员工最好的工作环境，让员工专心工作。然而，电子科技改变了一切，远程工作随着云端应用与移动设备的普及而逐渐盛行。但多数习惯进办公室监督员工的经理人，仍旧认为远程工作有缺陷：不容易随时与人沟通；不容易激发创新想法；员工在家工作容易偷懒；企业文化荡然无存，等等。然而这一切都回归到一个根本问题，就是人们的心态也必须升级，得跟上时代的脚步。

《世界就是你的办公室》就是提供这种升级，

从心态到实际运作，层层揭露许多雇主不愿面对的真相，并且阐明远程工作的诸多好处：容易接触到世界上最优秀的人才、减少通勤时间、把时间用在提升工作品质上、以信任取代监督、创造劳资双赢的局面……最重要的是，这些论述绝非空谈，而是来自实际执行的经验。

37signals 是一家成长快速、备受全球瞩目的软件公司。它们引领网络时代新形式工作的潮流，也通过出版持续与全球分享。2010 年出版的《重来》一上市便立刻受到各界高度重视。这家公司在创业时期仅有 2 人，一个人在哥本哈根，另一个人在芝加哥，经过 10 年努力，发展成今日 36 人远程工作的规模，服务全世界数百万名使用者。该公司的成就充分说明远程工作如何展开了一个自由奢侈的新时代。

“谁还需要办公室”不是未来的概念，而是现在进行式。借用维珍集团创办人理查德·布兰森的话：“等 30 年后科技更加进步时，人们回顾

历史将百思不解为什么会有办公室这种东西存在。”现在开始启动远程工作，整个世界就是你的办公室！

一　远程工作心态

要让远程工作行得通，首先你必须让每个人对于你想要完成的事情看法一致。因此一开始要花点时间调整好心态。当每个人都认为开展远程工作的时机成熟时，你就更有条件让这件事情发生。

心态 1　零干扰

如果你问员工目前在哪里工作成效最大，大部分内勤人员可能会回答："我一大早就提前进公司，趁完全没人的时候把工作做完。"这个信息就是在告诉你，你最能干的员工在办公室根本做不了太多事。

为什么会这样呢？因为办公室有太多干扰！人们无法进行有创意或有意义的工作，因为他们在办公室一直被干扰。人们远程工作时，干扰较少，才会创造最佳表现。

关键思维

能够和自己的思考独处，事实上是远程工作的好处之一。

——贾森·弗里德　戴维·汉森

心态 2　零通勤时间

很少有人喜欢通勤。研究已经明确显示，通勤不但会浪费生产时间，还会让你感到压力大，而且难受。在你喜欢的地方工作而不是集中在一间办公室，就可以避免这种损耗。

如果你每天早上花 30 分钟开车上班，你还得另外浪费 15 分钟下车走进办公室，也就是一天 1.5 小时、一周 7.5 小时、一年 300 至 400 小时左右。如果你不必通勤，那些时间就可以用来做更多事。如果你远程工作，就很有机会大大提升你的产出。

心态3　运用通讯科技

认清现实吧。有了今日的通讯科技（归功于无所不在的互联网），人在西伯利亚与人在隔壁办公室，沟通效果可以一样好。更好的是，学习如何运用这些工具不是难事，每个人都做得到。今日，你很容易：

◎与人即时分享显示器，一同合作想出点子，不论你和他们身在何处。

◎利用 Basecamp 之类的网络工具，协调大型计划的待办事项。

◎立刻传信息给某人或是通过你的手机与他们聊天。

◎利用 Dropbox 等网络服务，在全世界任何地方下载最新版本的文件。

心态4　逃离朝九晚五

分散劳动力的好处之一是合作可以从同步（每个人上班时间必须都在办公室）变成不同步（随时随地）。远程工作让人们可以在最适合自己

的时间工作——这是新的思考方式。

的确，像客服部门可能需要固定时间以便提供服务，然而有了分散的劳动力，你将会有更多选择，而不是更少。你可以让住在世界某个时区的人，用最后工作时间涵盖你设定的前半部分时间，再让另一个时区的人从剩下的另一半时间开始工作。或者，你也可以运用灵活的科技，以各式各样的方式运作。

这件事的好处是人们可以住在任何他们选择的地方，然后依旧可以得到发挥自身才华的工作，不需要搬到大城市才能找到好工作。不论选择住在哪里，你都可以有最好的表现；追求工作以外的兴趣，也可以打造辉煌事业。那是相当了不起的事——过去根本不可能。

心态 5　取得全球人才库

今天，不只你可以在任何地方创造最佳表现，企业也可以取得全球人才库。通过雇用远程工作者，你可以运用全世界最优秀的人才，不论他们身在何处。更好的是，你还可以省钱。这也是大企业开始采用远程工作法的原因。

关键思维

IBM 运用远程工作策略，自 1995 年以来已经减少近 725 万平方米的办公空间，公司卖出其中将近 540 万平方米，赚得 19 亿美元。此外，转租不需要的空间所得超过 10 亿美元。在美国，IBM 每年持续省下 1 亿美元，在欧洲至少也省下那么多钱。IBM 拥有 38.6 万名员工，其中 40% 远程工作，办公空间与员工比率目前是8∶1，有些地方则高达 15∶1。

——《跳出框框外工作》，IBM 2009 年白皮书

这还没算上员工不必每天开车上班，1 年可以省下 1 万美元的个人支出。此外，也还没算此举对于环保节能的好处。远程办公或远程工作引

发的经济现象相当令人关注。

有些公司提供可以随时要求的办公室，只要员工手头上的计划有需要，就可以在办公室工作。有的公司则让办公室成为展示场，尽量让潜在顾客印象深刻，而不是把办公室用来生产制造。许多公司现在有部分比例的员工远程工作，剩下的人则每天进办公室。远程工作概念最棒的一件事是各种安排都行得通。工作环境可以因员工需求而变动，而不是局限于一体适用的模式。

心态 6　零分心

“家里有太多会分心的事物，让员工无法好好完成工作，他们可能会整天都在看电影。”

优秀人才会主动做好自己的工作，不论他们身在何处。虽然家里确实有许多让人分心的事物，事实上你的办公室也是。员工可以上网或成天看 YouTube 的时候，你却毫不知情。但是，优秀人才会主动做好自己的工作，不论他们身在何处，你都能看到他们的工作成果。

让他们有动力工作是你的责任，你要让他们发挥长处，让他们得到激励而且有成就感。不论他们在哪里工作，这项挑战不会改变。

心态 7　保障资讯更安全

“在办公室，工作资料会比较安全。”

这是一个已经获得解决的问题。

想在员工远程工作时依旧可以保障公司资讯安全，你可以：

◎务必将所有电脑硬盘加密，例如苹果的 FileVault 加密系统。如此一来，电脑遗失只会造成不便，而不会造成整个公司的重大灾难。

◎取消自动登录，要求大家都要输入密码。设定电脑闲置 10 分钟便自动锁定。

◎所有服务都要加密，例如 Gmail。

◎确认所有智能手机与平板电脑在必要的时候都能够远程清除资料。

◎为每个你访问的网站设定独一无二的加长型密码。例如，使用 1Password 之类的密码管理软件记录密码。

◎使用 Gmail 时，启动双重认证，亦即你必须通过手机得到认证码才能登录。这样做可以保护你的电子邮箱，使侵入者无法使用你的电子邮箱账号改变其他地方的密码。

心态 8　更多、而非更少控制

“如果我无法在办公室看到员工，我怎么知道他们在工作？此外，只有我们同处一室面对面，才会有美妙的事情发生。”

研究显示，在今日大多数的办公室，员工大约浪费三成时间上网、玩游戏，以及看 YouTube 视频。而且这种情况发生在现存的各种体系当中。这其实是信任问题。如果你不信任某个人，当初为什么要雇用他？你是保姆还是经理人？你应该只聘请你信任的人。

网络视频会议已经有很长的历史，这真的和本人亲自到场只差那么一点点。你可以尝试使用 WebEx 这一类的服务，你会很满意地发现，几乎各种必要的会议都能通过它有效进行。你可以每年举行两三次现场聚会辅助视频会议，让它成为员工期待而非害怕的活动。

关键思维

要成功地与人共事，你必须信任他人。其中很重要的一点是，相信员工无论在哪里都可以在无人监督的情况下做好他们的工作。

——理查德·布兰森，维珍集团创办人

心态 9 更好的文化养成

“我们必须常常在一起玩，才能培养公司文化。如果我们不那么做，就不可能有机会加强我们的文化。此外，如果我们让一个团队远程工作，每个人都会想要那么做。”

最好的文化源自人们为了达成重要目标采取的行动，而不是半夜醉酒狂欢。

让员工远程工作可以强化而非减弱“工作成

果才重要”的认知。每个人都可以做好该完成的工作。当你关注在那点上，公司文化自然就会显现出来。

心态 10　所有产业皆适用

远程工作听起来很棒，但不适合我们的产业。总是要有人在这里接电话提供客户服务。

事实上，很多产业的大公司与小企业都已经在采用远程工作。如果你不赶紧行动起来，就脱节了。远程工作早已应用于目前各大产业。

即使顾客打电话进来，必须有人接电话的时候，也可以采用远程或协作方式。如同之前提到的，你甚至可以让世界某个角落的一组团队在工作日尾声阶段负责前面几小时，然后让其他地方的另一组团队负责后面几小时。这是必须处理的议题，但不是禁止人们远程工作的正当理由。

现在让员工远程工作的公司有很多，名单很长也很惊人，而且还在增加，其中包括：

◎安泰保险公司让 3.5 万名美国员工有一半

在家工作。联合健康集团也起而效尤。

◎大型会计事务所勤业众信86%的员工至少有20%的时间在远程工作。麦肯锡咨询公司与英国汇丰银行等其他公司也允许员工远程工作。

◎英特尔82%的员工经常性地进行远程工作。思科、英国电信等也都积极运用远程工作者。

◎政府单位，例如美国国家航空航天局（57%远程工作）、美国环境保护局（67%），以及美国专利局的审查员（85%）。

◎就连联合利华、美国庄臣、维珍航空等消费性产品公司，都允许员工远程工作。

关键思维

现在已经很少有产业可以完全排除远程工作。不要让“产业合适度”成为不让公司出现远程工作的蹩脚理由。

——贾森·弗里德　戴维·汉森

二　远程工作运作原则

一旦调整好心态，要让远程工作发挥生产力，有一些工具和技巧可以助你一臂之力。把它们当作你的运作原则，依据需求采纳和调整。

原则 1　安排重叠的时间

远程工作的一个关键，在于公司必须安排重叠时间，让员工可以同时在网上。当你想要提供客户服务之类有时间表的产出时，重叠时间就很重要。你必须同时有好几个人待命，即使有人缺席也不会有任何闪失。

重叠时间也有建立团队精神的效果。它让人们可以迅速地得到答案，而不必苦候回复。的确，大家处于不同时区时，很难安排重叠时间，但经验显示这是必备的条件。

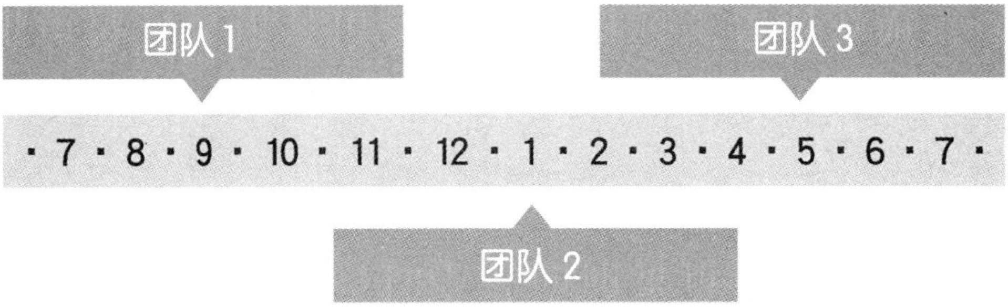

团队 1　　　　团队 3

·7·8·9·10·11·12·1·2·3·4·5·6·7·

团队 2

关键思维

要想远程工作取得成功，员工的工作时间通常必须有某些重叠。在 37signals，我们足足需要 4 小时的重叠时间，才能避免协作延迟，而且感觉像个团队。

——贾森·弗里德　戴维·汉森

原则 2　使用视频会议

“眼见为凭”对大多数人与大部分公司来说一点都没错。让员工远程工作，并不是要他们蒙着眼睛工作。

你可以运用各种科技：

◎网络视频会议现在是成熟的技术。使用

WebEx、GoToMeeting、Join. Me 或类似工具交谈时，还可以和对方分享显示器，甚至不需要网络摄像头。

◎人们可以使用录制软件，把显示器上的内容录下来，然后加上旁白，以动态示范某件事。

◎你也可以把 PPT 汇整一下或提出正式简报，通过网络传送给所有需要看到的人。

视频会议现在非常简单，几乎和亲自会面一样有效。运用这类工具进行展示与说明，交流就会变得十分简易。

原则 3　随时方便取得必要资讯

让远程工作发挥生产力的关键之一，在于让组织里的每个人 1 天 24 小时、1 个星期 7 天都能取得他们需要的资料与资讯。

你必须让所有资料随时都可公开取得。也就是说，人们不会为了取得他们需要的资讯而受到阻挠。

而且，这很容易安排：

◎你可以利用 Basecamp 之类的服务，建立单一集中的空间，让资料、日程、待办事项、日历等都可以在云端取得。

◎你可以增加其他网上储存空间（例如 Dropbox），存放每个人都会需要的文件与资料。

要实现远程工作，重点在于你不能把资料“锁在”某人的电脑或电子邮件收件箱里。

原则 4　设置虚拟茶水间

虽然远程工作者的确不容易受到干扰，因而能完成更多工作，但是你依旧需要一个地方，让员工可以聚在一起交换看法。此时虚拟茶水间恰好合适。你只需要建立一个网上聊天室，让远程工作者可以随时登录和其他员工互动。

关键思维

在 37signals，我们使用自创的聊天软件 Campfire。概念是想要拥有一个单一、永久的聊天室，让每个人都能在上头闲聊，放些好笑照片，或纯粹打发时间。是的，它可以用来回答工作上的问题，但主要功能是增强社交凝聚力。

——贾森·弗里德　戴维·汉森

拥有虚拟茶水间能让每个人大致了解公司最近的状况。每当有大事发生，也会有向前推进的感觉。聊天室也可以让每个人感觉自己在圈子里，马上知道公司其他地方发生了什么事。

远程工作不只限于出差到外地或住在别处的人。你可以在同一条街上远程工作。远程意味着你不必朝九晚五地整天待在办公室里。

——贾森·弗里德　戴维·汉森

如果你是老板或经理人，让住在当地的员工远程工作是测试公司是否适合远程工作最理想的开始。这么做的风险低，只是小事一桩，万一事情每况愈下，可以让大家再回到办公室工作。

——贾森·弗里德　戴维·汉森

原则 5　每周确认进度

当你和同事坐在同一间办公室时，你们会凝

聚出一股动力，让重要事项顺利完成。要在每个人都远程工作时，制造出那种前进动力，你可以而且也应该每周利用视频会议让大家聚在一起。这是每个人报告他们在做什么的机会，让你能拥有更多凝聚力。

37signals 每周也有一个讨论，主题围绕“你最近在忙什么?”要求每个人都要用几句话，报告过去一周做了什么，以及未来一周打算专心处理什么事情。这不是很严谨的项目管理工具，比较像是一般的闲聊，让每个人了解各个环节如何汇整在一起。

原则 6　把结果当作评量标准

远程工作者享有的另一个好处是，结果是唯一重要的评量标准。评判一个人工作表现的标准，不是他们几点到达和几点离开办公室，唯一可以评量的是他们产出工作的分量和品质。

这点大大简化与厘清了所有事情。身为经理人，你可以观察你支付这个人薪水是为了产出什么，以及他们实际产出的内容。你因此忽视其他所有不重要的事，而且很快就能清清楚楚地知道谁工作卖力，谁没有。这不是件坏事。

关键思维

雇用远程工作者还有一个不为人知的好处，就是工作本身便是评判个人绩效的标准。程序设计师和没有科技能力的项目经理谈话时，可以让一个 30 分钟的工作听起来像是长达一周的极地探险，然而，如果其他程序设计师也能公开看到他们的谈话，他就不可能过得了关。

——贾森·弗里德　戴维·汉森

原则 7　消除幽闭恐惧

远程工作有一些潜在的不利因素：

◎你可能得幽闭症——感到孤立、与世隔绝。有些人因孤独而变得强大，有些人则不然。

◎你可能工作过度——醒着的每一分钟都在

工作，未能遵守可以维持长久的一周工作 40 小时。

◎你可能变得不健康——随便吃不合理的食物充饥，很少或完全不运动。同理，你的工作空间可能完全不符合人体工学。

◎你可能违反税法规定——特别是如果你把远程工作者当成外包人员而非员工，要求他们自己处理税务问题。

◎你的远程工作者可能觉得自己像是独行侠。他们像是不被允许进办公室工作，而其他人却都可以从同事身上得到精神支持。

为了解决这些潜在的问题，37signals 想出了以下点子与办法：

◎鼓励远程工作者定期安排人际互动。偶尔在当地一个共同地点工作、一起分享一张办公桌，甚至定期去公园、咖啡厅或是其他任何地方。有些远程工作者会自愿到学校或图书馆当义工，与社会保持联系。

◎37signals 清楚表明不希望员工平均一周工作超过 40 小时。职业生涯是一场马拉松而非短跑。每个人会问："我是不是好好做完一天的工作了?"而不是问："我是不是把每件想到的事都做到了?"

◎埃森哲咨询公司提供给远程工作者一张经过检验、符合人体工学的设备清单，也配备专家协助远程工作者替自己的家庭办公室找到最佳配置。

◎37signals 每月给每位远程工作者 100 美元津贴，让他们成为健康俱乐部会员。此外还替每位远程工作者负担每周地方农场的新鲜蔬果运费。

◎聘用远程工作者的公司发现，最好让整个项目团队都尝试远程工作模式——而不是只让一位工作者自生自灭。如果团队生产力如愿增加，这些先行者就可以成为内部倡导远程工作的人员。

◎ 37signals 查询地方税法，协助做出最合理的安排——并且帮助公司的远程工作者以简单但合法的方式缴税，符合所有法律要求。这通常不会太难，只需要你采取的方案面面俱到又合法就可以。

远程工作经营模式的另一个重要方面，在于你必须告诉潜在顾客你们将以远程工作的方式处理他们的问题，而不是在员工集中的办公室。这在今日的商业界也不难做到。

以下是几点建议：

◎ 招揽业务时要清楚说明你们不是设置在当地的公司，你们将以远程方式为他们提供服务。

◎ 在新顾客还没要求前，就先提供充足的参考资料。大方地表明你们没什么好隐瞒的，而且非常优秀、专业。让你的潜在顾客和现在的顾客聊一聊，让潜在顾客知道远程的方式是个好方法。

◎ 提供详尽的进度报告。以最有效的方式让

你的顾客看到自己的钱花得值得。

◎随传随到。回复电话速度要快，经常与他们视频，以详尽资讯灵活地回应他们的电子邮件。

◎进行未来规划时让顾客一起参与。清楚表明你们具有专业知识，然而他们的意见也很重要。请他们提供反馈意见，将他们的建议整合到你要做的事情上。

原则 8　雇用聪明人士

采取远程工作的好处之一是，你可以从世界各地聘请优秀员工，不受限于只能聘请住在附近的人。到头来，这点可能成为你的强大竞争优势。

那么你要如何远程聘人，找到你要雇用的聪明人士？最好的办法是先请可能人选进行短期测试计划，然后再做长期安排。给他们需要一两周时间就可以完成的迷你计划。支付他们诱人的酬劳，看看他们如何为你完成有意义的计划。接着依据他们的产出，你就有充分理由来决定是否雇用他们。

如果你喜欢他们在迷你计划上的表现，就可以请他们飞到你的办公室待一天，非正式地聚一聚（例如吃个午餐），介绍他们认识团队的其他成员。让他们在办公室待一天，和他们选择的任何人聊一聊，看看他们是否能融入团队，考虑这些因素后再决定雇用与否。

你也可以用另一种方法，一开始先以外包的方式将几个大型计划交给新聘请的人选，追踪他们几个月的表现，然后再决定是否雇用他们。有时慢慢让他们参与数个计划，会比依据最初的迷你计划与一日会面就仓促做决定要好。通过让人们参与工作来甄选，而不是面试他们。

关键思维

最后，我们会依据才能与性格做出决定，而且综合考虑结果。如果我们提供给他们这份工

作，他们也想和我们一起工作，我们会真的握个手，并在他们工作的头几周经常邀请他们进办公室。这样一来他们会更熟悉团队、公司文化、大家的长相和名字等。有了全盘了解后，他们便可以带着对于公司、同事、我们做事方法的具体了解回到家中。

——贾森·弗里德　戴维·汉森

有些高科技公司因为利用谜题测试及雇用聪明人士为人所知。他们在聘用过程中，给应征者机会炫耀他们的高智商。那很有趣，但那是花招，没有多少实用价值。雇用远程工作者的好处之一是，决定是否聘用时，你请广告文案给你看他们写的文案，请顾问给你看他们的报告，请程序设计师给你看他们写的程序，等等。当你看到的是他们的成果，而非解题分数时，你会更容易做出明智决定。

原则9　吸引最佳人才

远程工作制度另一个绝佳好处是，你可以留

住优秀人才，不论他们选择住在哪里。如果有其他状况迫使他们必须搬到另一个城市、另一个州，甚至另一个国家，你可以让他们带着工作走。

人们会因为各式各样的个人因素搬家：

◎他们结婚或离婚。

◎为了配合另一半的工作。

◎他们厌倦太常下雪或太炎热。

◎他们想和家人住近一点。

◎他们想从事特定娱乐活动。

◎他们纯粹想换个风景。

通过提供远程工作，你可以留住对于产品知识了解甚多，让你大为珍惜的优秀人才。由于你提供的弹性，你可以保住优秀团队，从而产出优秀成果。远程工作是皆大欢喜的局面。

远程工作经营模式在聘请优秀人才时还有另一个关键优势。你可以付高薪（例如，和他们搬去纽约可以得到的酬劳一样高）给住在堪萨斯甚至是海外的人士。这对优秀人才来说十分具有吸引力。

关键思维

远程工作可以加速让不合适的人下车、让对的人上车的过程。这让“安静但有生产力”的员工再度赢回在传统办公室环境下通常会失去的优势。在远程工作环境下，你不需要不断吹嘘自己的东西，因为每个人只要留意就很容易看到你的成果。同样的道理，如果你是个光说不练的人，很不幸，每个人都能一眼看穿。

——贾森·弗里德　戴维·汉森

的确，优秀的写作技巧是远程工作者的必要技能，因为书面报告经常会影响人们最终如何看待与评价你的工作。好的商业写作通常是清楚第一、风格第二。远程工作者可以靠研读相关主题的书籍精进写作能力，而你也可以就这个主题提供一些内部培训。

关键思维

如果说有理想的远程工作者培训制度这回事，那就是先当一阵子的外包工作者。身为外包工作者，你必须能够设定合理的工作时间表，定期让别人看到理想进度，让定义通常有些模糊的工作变成可以交付的任务。这些全都是远程工作非常重要的技能。

——贾森·弗里德　戴维·汉森

原则 10　定期聚会与冲刺

关键思维

在 37signals，我们一年至少聚会 2 次，时间 4 到 5 天。部分是为了聊聊工作上的事，报告最近的项目，以及决定公司未来的走向。不过更大的目的是让生动的面孔和显示器上的名字联系起

来，而且举办频率高到让我们不会忘记彼此的真实性格。

——贾森·弗里德　戴维·汉森

定期会面会增强你远程工作的能力。此外，有时找时间碰面，在最后关键期限一起冲刺也是不错的点子。那种令人抓狂的期限带来的“压力锅气氛”、离谱的工作时间，以及疯了似的辛勤工作，可以产生不可思议的团结精神。

这种亲临现场的会面也可以安排在产业会议或新产品上市的时候。如果你喜欢，也可以安排在具有异国风情的地点。道理很简单，定期的现场会面是远程工作很重要的一环。

原则 11　建立公平的竞赛场

要小心，不要对待远程工作者如“二等公民”。如果你那么做，你很难让人接受远程任务或是把它当成可行的职业道路。你必须建立与维持用人唯才制度，让优秀的工作成果受到认可，不论是在办公室还是远程完成都一样。

幸运的是，这不难做到：

◎让每个人都偶尔远程工作——这样每个人都会对远程工作有所体会。

◎充分利用 WebEx 等桌面应用程序，让以远程方式参加会议的人也能得到和现场人士一样多的资讯。

◎利用电子邮件或其他网上传递信息的方式进行充分讨论。

◎努力让远程工作者参加每次讨论。

原则 12　经常一对一谈话

传统办公室的职员一般会有年度绩效考评。对于远程工作者，你确实会想要更频繁地以一对一的方式，跟上他们的进度，并且提供一些意见。37signals 的经理人大概每 2 个月会努力和远程工作者一对一聊个 20 或 30 分钟。

这些聊天无非就是让沟通渠道保持畅通。此外，它们也是提示与解决小问题的机会，以免小事变大事。经理人监控远程工作者进展的同时，

远程工作者也可以了解目前的状况。

由于远程工作者会设定自己的工作时间与工作环境，因此经理人必须拥有的心态是了解自己扮演的角色是移除障碍，帮助远程工作者变得更具生产力。简单来说，这意味着你必须让远程工作者能够取得他们需要的资讯，以及完成工作所需的设备。任何消除障碍的努力都会带来双赢结果——你的远程工作人员会更开心，你的公司也会因为完成更多事而从中获益。

关键思维

如果你放手让人们去做，他们就会展现出惊人的力量，达到你对于合理要求与责任感的高度期待。

——贾森·弗里德　戴维·汉森

最重要的是经常设身处地地思考远程工作者的感受。

——贾森·弗里德　戴维·汉森

原则 13　避免过度工作

关键思维

如果你读过报纸杂志上远程工作失败的例子，你可能会以为放任员工自由的重大风险是他们会变成散漫、不具生产力的懒鬼。事实上，成功的远程工作环境真正的敌人是过度工作，而不是玩忽职守。

——贾森·弗里德　戴维·汉森

人们从传统办公室回家后，通常会停止工作。当你在家工作时，工作很容易变成嗜好，你会没日没夜地处理工作。这听起来像是对雇主很有利，但无法长久。在你还没发现之前，你最好的人才已经精疲力竭。

所以你要如何避免那种情形呢?

◎请经理人与企业主定下正确基调，让员工以合理的时数工作，表明这是对所有人的期待。

◎夏天的时候，37signals 让员工每周多休一天，去享受户外生活。你或许可以借鉴这个做法，帮助人们调整步伐。

◎你可以用一些有用的方式试着支持员工培养自己的兴趣爱好。

◎你可以坚持员工放假与休年假，而不是一直累积假期。此外，你要说清楚他们不需要你的允许才能度假，只要合理，而且事先排出假期，与同事协调好，就可以。

◎你可以为员工提供专属的海外旅游，当作假期礼物或年终奖金。那可以确保他们在工作之余得到合理的休息。

长期下来，你需要确保人们有合理的工作时间。他们需要做得够多，但不能太多，平均一周 40 小时大概差不多。一定要让每个人知道公司期待他们怎么做。

原则 14　建立规律

大部分远程工作者发现，如果他们大部分时

间都能遵守他们自定的规律，就会更有效率。你也可以设定一些触发点，鼓励自己从其他事物转换到工作上。

远程工作者可以使用的触发点包括：

◎换上工作服。

◎把一天的时间分成几段，用于了解状况、与人合作，以及需要清楚思考的重要创意工作。

◎拥有一间专属的家庭办公室——身在那间办公室时就是在工作。

◎换电脑。例如工作时用台式电脑，私人时间或休闲使用时则用平板电脑。

◎到有 WiFi 的咖啡厅或图书馆工作，一回家就放松。

还有不要忘了，远程工作不是非黑即白的选择。你适合的工作时间表可能是早上远程工作，因为你在那段时间不想受到干扰，然后每天下午进办公室，或是反过来也行。重点在于远程工作具有弹性，有时这样的混合做法也相当不错。

同样，你在哪里远程工作也没有差别。有的人可以毫无困难地设立家庭办公室，有的人却没有那样的空间。你可以考虑在某个地方租一张桌子，或是在联合办公地点租一间办公室。这样的地方正如雨后春笋般出现，而且还提供日租型的单人办公室。

关键思维

这听起来有违常理，但是有其他人在，即使你不认识他们，还是可以影响你，让你觉得应该好好做点有用的事。

——贾森·弗里德　戴维·汉森

原则 15　保持高昂士气

关键思维

精力是智力工作的燃料。你可以在一个精力充沛的下午，做完好几天的工作。或是在缺乏精

力时，浪费一个礼拜时间只完成一天的工作。

——贾森·弗里德　戴维·汉森

不同于一般见解，胡萝卜与棍子无法让你的远程工作者保持长期的热情。唯有让他们做喜欢和在意的工作，并且和他们喜欢共事的人一起工作，才能让他们精力充沛。

从个人观点来说，如果你从事远程工作，发现自己要花很长时间才能完成工作，那便是个警示信号，它可能代表：

◎你觉得自己的工作不具有挑战性。

◎你的工作困难到让你不知从何处着手。

◎你不喜欢团队里的人。

不论是哪一个原因，你都必须和经理人谈谈要怎么做才能帮助你回归正轨。

关键思维

在 37signals，工作 3 年以上的员工只要愿意，都可以休 1 个月的长假。当然，不是每家公司都适合这种做法，然而如果有点空当，也应付得来的话，不妨让需要真正休息（不只是短暂假期）的员工暂时离开，专注在自己，或是他们的家人，或是任何使他们觉得自己无法全力以赴面对工作的事上。

——贾森·弗里德　戴维·汉森

远程工作揭开帷幕，暴露一个一直存在、却隐而不显的事实：优秀的远程工作者就是优秀的员工。

——贾森·弗里德　戴维·汉森

原则 16　来去自如

远程工作时，你可以带着工作全球到处跑。今日许多创意工作只需要一台电脑和网络就能完成。在今天这个时代，你只要带着电脑，到处都找得到可以上网的地方。

的确，你必须让时间表有足够的重叠，让你依旧可以跟大家保持联系，知道公司现在的状

况，但你还是需要一点安排与计划。意思是说，如果这么做适合你的家庭，你可以跟着太阳绕着地球跑，或是在任何你选择的地方度过真实人生的工作假期。

关键思维

记住，工作在哪里完成不重要，不论是在夏威夷茂宜岛的海滩，还是佛罗里达坦帕外海的小船上（移动通信技术可以满足大部分的需求）。“游牧式”的生活状态可以比你想象得更便宜。如果你无需负担沉重的房贷、车贷、有线电视，以及其他现代生活理论上必须拥有的东西，通常旅游和住宿花不了多少。

——贾森·弗里德　戴维·汉森

显然不是每个人都喜欢游牧式的生活，但如果你采取远程工作，变换一下风景也是一件很迷人的事。这是你可以拥有的选项。如果你不想的

话，甚至不用换国家，光是拥有可以在办公室、家中、当地图书馆、咖啡厅，或是其他任何你选择的地方工作的自由，就能引发各式新鲜宝贵的点子。不同角度通常有助于解决问题。

关键思维

远程工作时代已经来临，而且会持续下去。唯一的问题是你要当先行者、早期大众，还是落后者、晚期大众。载着早期创新者的船已经起航，但依旧有许多船等着先行者。上船加入我们吧！

——贾森·弗里德　戴维·汉森